Zentrum Moderner Orient
Geisteswissenschaftliche Zentren Berlin e.V.

Liberalisierung als Herausforderung: Wie stabil ist die Islamische Republik Iran?

■ Henner Fürtig

Arbeitshefte 12

Verlag Das Arabische Buch

Die Deutsche Bibliothek - CIP-Einheitsaufnahme

Fürtig, Henner:
Liberalisierung als Herausforderung : wie stabil ist
die Islamische Republik Iran? / Henner Fürtig. Zentrum Moderner
Orient, Geisteswissenschaftliche Zentren Berlin e.V. - Berlin:
Verl. Das Arab. Buch, 1996
    (Arbeitshefte / Zentrum Moderner Orient, Geisteswissenschaftliche
    Zentren Berlin e.V.; 12)
    ISBN 3-86093-109-1
NE: Zentrum Moderner Orient <Berlin>: Arbeitshefte

Zentrum Moderner Orient
Geisteswissenschaftliche Zentren Berlin e.V.

Gründungsdirektor:
Prof. Dr. Peter Heine

Prenzlauer Promenade 149-152
13189 Berlin
Tel. 030 / 4797366

ISBN 3-86093-109-1
ARBEITSHEFTE

Bestellungen:
Das Arabische Buch
Horstweg 2
14059 Berlin
Tel. 030 / 3228523

Redaktion und Satz: Margret Liepach

Druck: Druckerei Weinert, Berlin
Printed in Germany 1996

Gedruckt mit Unterstützung der Senatsverwaltung
für Wissenschaft, Forschung und Kultur, Berlin

Inhalt

Die Auseinandersetzung um die Stabilisierung der Islamischen Republik Iran — 5

Wirtschaftliche Faktoren — 5

    Ökonomische Liberalisierung durch die Regierung Rafsanğānī — 9
    Gegenkonzepte und -maßnahmen der geistlichen Opposition — 10
    Rahmenbedingungen, Ergebnisse und Folgen der ökonomischen Liberalisierung — 13

Politische Faktoren — 17

    Der politische Richtungskampf in der iranischen Führung nach dem Tod Chomeinīs — 17
        Rafsanğānī und Chāmeneʿī als Erben Chomeinīs — 20
        Die Formierung der Gegnerschaft — 29
        Die Ergebnisse des Richtungskampfes — 32

    Politische Liberalisierung - Potenzen und Grenzen — 34
        Ausgangsbedingungen — 34
        Islam und Demokratie — 38
        Politische Liberalisierung als Systemherausforderung — 44

Interdependenz zwischen wirtschaftlicher und politischer Liberalisierung — 51

Perspektiven des militärischen Konfliktverhaltens Irans — 53

    Schwerpunkte der iranischen Außenpolitik seit 1989 — 53
        Neue Elemente der Außenpolitik — 54
        Retardierende Momente — 63

    Das Konfliktverhalten beim Scheitern der Liberalisierung — 66

    Konfliktfaktoren bei Gelingen der Liberalisierung — 72

Anmerkungen — 75

Auswahlbiblioghraphie — 87

Anhang: Testament Ayatollah Chomeinis — 92

Die Auseinandersetzung um die Stabilisierung der Islamischen Republik Iran

Die iranische Revolution von 1978/79 und ihre Folgen üben nach wie vor eine ungebrochene Faszination auf Politik und Wissenschaft aus. Dabei scheint die Bandbreite der Einschätzungen, Bewertungen und Erwartungen seit dem Jahr der Gründung der Islamischen Republik Iran (IRI), 1979, eher gewachsen als geschrumpft zu sein. Sie reicht in der Gegenwart von der stetig abnehmenden Zahl derer, die ihr von Beginn an nur eine kurze Lebensdauer attestierten, bis hin zu jenen etwa gleich starken Lagern, die ihr zwar Perspektive zugestehen, diese aber in diametral entgegengesetzter Richtung vermuten.

Eine Strömung, politisch angeführt durch die Administration Präsident Clintons[1] und wissenschaftlich assistiert von einer Reihe namhafter internationaler Iranexperten[2], bewertet die Islamische Republik Iran als *den* Ausgangspunkt der latent weltbedrohenden islamistischen Offensive. Das iranische Regime ist für sie eine nach außen und innen Terror praktizierende theokratische Diktatur, die alles daransetzt, die Revolution zu exportieren, und dabei sogar nach dem Besitz von Nuklearwaffen trachtet. Derartige Bestrebungen müßten daher schon im Keim politisch eingedämmt (gemeinsam mit denen des Aggressorstaates Irak im 2. Golfkrieg - *dual containment*) und wirtschaftlich isoliert werden.[3]

Die andere Strömung war - wenn auch nie einheitlich - bestenfalls bis zum Tod von Revolutionsführer Chomeinī (1989) bereit, einigen dieser Argumente Berechtigung zuzugestehen. Danach vertrat sie eine diametral entgegengesetzte Auffassung. Für sie ist in Iran nach 1989 eine "Zweite Islamische Republik" entstanden, in der wirtschaftlich und politisch vor allem Vernunft, Augenmaß, Pragmatismus und das nationale Interesse des Landes walten. Die Revolution sei beendet und Iran zur "Normalität" zurückgekehrt.[4]

Beide Denkrichtungen zeichnet allerdings aus, weitreichende Überlegungen über die Stabilität des von ihnen unterschiedlich bewerteten iranischen Regimes der Gegenwart anzustellen. Die eigenen Hypothesen stehen und fallen mit der Frage, ob der Islamischen Republik Dauer beschieden ist. Für ihre Beantwortung kommen in erster Linie Untersuchungen der ökonomischen und politischen Struktur Irans in Betracht, wobei sich der Schwerpunkt auf Grund der prekären Wirtschaftslage stetig auf das Gebiet der Ökonomie verlagert.

Wirtschaftliche Faktoren

Die relativ problemlose Machtübernahme Rafsanğānīs als Präsident und Chāmeneʿīs als Faqīh nach dem Tod Chomeinīs täuschte zunächst darüber hinweg, daß beide auf wirtschaftlichem Gebiet mit einer besonders schweren Erblast konfrontiert waren. Seit dem Sturz des Schahs war es der Revolutionsführung immer wieder gelungen, Entschuldigungen und Ausflüchte für den ausbleibenden Wirtschaftsaufschwung zu entwerfen. Die asketischen, auf die Entfaltung der inneren, "islamischen" Werte gerichteten Appelle Chomeinīs fanden in den ersten Wochen und Monaten des Jahres 1979 breiten Widerhall in einer enthusiastischen Bevölkerungsmehrheit. Als sich erste Anzeichen einer Ernüchterung andeuteten, konnte der Krieg mit Irak als stets probate Entschuldigung mißbraucht werden. Der Waffenstillstand vom 20. August 1988 wurde deshalb auch von Abermillionen Iranern als Ausgangspunkt für einen Wirtschaftsaufschwung des Landes und damit eine Erhöhung ihres persönlichen Lebensstandards gefeiert.

Neuneinhalb Jahre nach dem Sieg der Revolution stand das Regime nun unausweichbar in der Pflicht, die materiellen Revolutionsversprechen einzulösen. Der Tod Chomeinīs beraubte die Staatsführung der letzten Person, die wohl in der Lage gewesen wäre, die Geduld ihrer Landsleute noch für eine weitere Zeitspanne einzufordern.[5]

Im Sommer 1989 begann auf dem Gebiet der Wirtschaft die eigentliche Nagelprobe für die Vitalität der iranischen Revolution. Dabei boten die Ausgangsbedingungen ein entschieden ungünstigeres Bild als unmittelbar nach dem Sturz der Pahlavī-Herrschaft. Dafür waren in erster Linie die verheerenden Auswirkungen des achtjährigen Krieges mit Irak namhaft zu machen.

> "...from the beginning of the war in September 1980 to the cease-fire in August 1988, some $ 592 billion in damage has been inflicted on the economy, of which around $ 210 billion relate to damages inflicted on the country's infrastructure... The war damage figures do not include destruction of the population, military expenditures and the reconstruction costs of the war damage."[6]

Die ökonomische Bestandsaufnahme der Regierung Rafsanǧānī ergab außerdem ein durch die Kriegsschäden noch vertieftes, extremes regionales Ungleichgewicht in der Wirtschaftsstruktur.[7] Die Plan & Budget Organisation mußte jedenfalls 1989 konstatieren, daß das iranische Produktionsniveau von 1989 nur dem der Jahre 1972/1973 entsprach, allerdings bei einer seitdem um 12 Millionen Menschen gewachsenen Bevölkerung.[8] Die gleiche Organisation meldete zwar 1992 einen leichten Rückgang des Bevölkerungswachstums von 3,2 Prozent 1988 auf 3,08 Prozent 1990 und einen geringen Anstieg des Gross Domestic Product (GDP) im gleichen Zeitraum um 1,14 Prozent[9], aber die darin ausgedrückten absoluten Zahlen waren insgesamt zu dürftig, um der iranischen Wirtschaft die Impulse zu vermitteln, die einen Aufschwung tatsächlich in Gang gesetzt hätten.

Auf Grund der Wirtschaftsstruktur des Landes konnten diese Impulse letztlich nur von der Erdölindustrie ausgehen. Teheran unternahm daher große Anstrengungen, in diesem Industriezweig die Kriegsschäden vorrangig zu beheben. Schon am 1. April 1989 ging die Raffinerie von Abadān wieder in Betrieb, die Verladeterminals von Chārq, Sirrī, Lavān und Larrak wurden erheblich ausgebaut und ein Großteil der iranischen Pipelines repariert. Trotzdem erreichte die Förderquote Irans nie wieder das vorrevolutionäre Niveau von 6 Mill. Barrel pro Tag, sondern pegelte sich bei etwa der Hälfte dieser

Menge ein. Auch die beträchtlichen Erdgasvorkommen ließen sich nur bedingt in den Dienst der wirtschaftlichen Gesundung stellen. Nach dem Zerfall der Sowjetunion waren die bewährten Vermarktungslinien zerstört, in den unabhängigen mittelasiatischen Republiken entstand außerdem ein unliebsamer Konkurrent auf dem lukrativen Erdgasmarkt.[10] Zudem ließen sich die Gewinne aus dem Erdöl- und Erdgasexport nicht genau planen. Im Gegensatz etwa zu Saudi-Arabien besitzt Iran kaum Einfluß auf die internationale Preisgestaltung für flüssige und gasförmige Kohlenwasserstoffe. Das iranische Budget ist den Preisschwankungen auf dem Welterdölmarkt gegenwärtig nahezu hilflos ausgeliefert. Als die Preise im Zusammenhang mit dem 2. Golfkrieg kurzfristig stiegen, konnte der Staatshaushalt ca. 5 Md. $ Mehreinnahmen verbuchen. Schon nach kurzer Zeit erhöhte Saudi-Arabien aber sein Exportvolumen, um die von Irak und Kuwait hinterlassene Versorgungslücke zu schließen. Nach dem 2. Golfkrieg gingen die Erdölpreise wieder auf Talfahrt und pegelten sich auf Vorkriegsniveau ein.[11] Selbst optimistische Voraussagen des iranischen Erdölministeriums gehen davon aus, daß der Finanzbedarf des Landes in der nächsten Dekade 200 Md. $ über den Einnahmen aus dem Erdölexport liegen wird.[12]

Wenn schon die Gewinne der Erdölindustrie mittelfristig kaum eine Verbesserung der Wirtschaftslage verheißen, sind die anderen Wirtschaftszweige aufgefordert, zumindest partiell für Entlastung zu sorgen. Auch diese zeigen sich aber weitgehend überfordert.

Die Landwirtschaft erholte sich nach den Erschütterungen der "Weißen Revolution" auch in der Islamischen Republik nicht. Die geistliche Revolutionsführung hintertrieb in Verfolgung von Partikularinteressen mehrfach und erfolgreich Ansätze einer Agrarreform. Dadurch nahm der Anteil der in der Landwirtschaft beschäftigten Arbeitskräfte am Gesamtarbeitskräfteangebot Irans zwischen 1981 und 1986 jährlich um 5 Prozent ab. 1986, am Ende der Zählung, waren nur noch 29,1 Prozent der erwerbstätigen Bevölkerung in der Landwirtschaft beschäftigt.[13] Diese "innere Migration" erbrachte einen Anteil von 40 Prozent am städtischen Bevölkerungswachstum. Die Landwirtschaft zeigt sich mehr denn je zuvor außerstande, die Versorgung Irans mit agrarischen Roh- und Fertigprodukten zu gewährleisten. Sie bietet ein so rückständiges Bild, daß sie gegenwärtig selbst massive Kapitalzuführungen kaum absorbieren könnte.[14] Iran bleibt in hohem Maß von Importen landwirtschaftlicher Erzeugnisse abhängig, die jährlich eine Summe zwischen 2 Md. $[15] und 5 Md. $[16] verschlingt.

Die iranische Industrie arbeitet mit einem Auslastungsgrad von 20-40 Prozent; mehrstündige Energieabschaltungen pro Tag sind eher Regel als Ausnahme. 65 Prozent der Rohmaterialien für die Industrie müssen eingeführt werden. Um das Industrieniveau erst einmal wieder auf den vorrevolutionären Stand zu bringen, wären mittelfristig Investitionen von 6,5 Md. $ pro Jahr notwendig[17], Summen, von denen in den Teheraner Regierungskanzleien gegenwärtig niemand weiß, wie sie beschafft werden können.

Während des 1. Golfkrieges galten vier Millionen männliche Einwohner Irans als arbeitslos, die Demobilisierungsphase nach dem Waffenstillstand - insbesondere im Bereich des Bonyād-e Basīǧ - sorgte für einen weiteren drastischen Zugang an Arbeitslosen, deren Zahl Ende 1993 auf über sieben Millionen Personen geschätzt wurde.[18] Schon 1988 hatte die Plan & Budget Organisation angegeben, daß zum Zeitpunkt des Waffenstillstandes 39 Prozent der ökonomisch aktiven Bevölkerung Irans von Arbeitslosigkeit betroffen seien, d.h. die Arbeitslosen und ihre Familien umfaßten einen Personenkreis von zwölf Millionen Menschen.[19] Bevölkerungswachstum und die damit verbundene rasche Verjüngung des Arbeitskräftepotentials lassen zudem der Normalisierung des Arbeitsmarktes auch zukünftig kaum eine Chance. Das Ausbildungsniveau sinkt stetig und verhindert somit, daß selbst partielle Konsolidierungsphasen und -bereiche das Arbeitslosenheer merklich verkleinern.

Auch die Inflationsrate zeigt eine kranke Wirtschaft an. Da die iranische Regierung selten Zahlen über diese Rate publiziert, sind Beobachter auf Schätzungen angewiesen. Sie schwanken zwischen 30-40 Prozent[20], 50 Prozent[21] und 80-90 Prozent[22].

In seltener Offenheit beschrieb der Parlamentarier Hoǧat-ol Eslām Ġolām Reḍā' Meṣbaḥī 1989 die ökonomische Misere Irans, die die neue iranische Regierung zu bekämpfen habe, wie folgt:

> "Am Vorabend des 11. Jahrestages unserer Revolution haben wir immer noch eine rückständige Wirtschaft, die Arbeitslosen- und die Inflationsrate bleiben hoch, die Einwanderung der Bauern in die Städte hält unvermindert an und von sozialer Gerechtigkeit ist unsere Gesellschaft noch sehr weit entfernt."[23]

Allerdings beließ es auch Meṣbaḥī bei einer unbeschönigten Beschreibung der ökonomischen Situation, ohne Lösungsansätze vorzuschlagen. Dabei war auch er - wie das gesamte klerikale Regime - in die Pflicht genommen.
Die Bemühungen um die Errichtung einer "islamischen Wirtschaftsordnung" nach der Revolution hatten per Saldo zu einer Hyperkonzentration von Produktionsmitteln in den Händen des Staates geführt. Über die Kontrolle des Staatsapparates war die Geistlichkeit zum größten kollektiven Eigentümer an Produktionsmitteln in Iran aufgerückt. Logischerweise wurde sie - und insbesondere ihre Führer - von der Mehrheit der iranischen Bevölkerung nach dem Ende des Krieges mit Irak und dem Wegfall des "Schutzschildes Chomeinī" auch in der kollektiven Verantwortung für die zahllosen Schwierigkeiten der Wirtschaft gesehen. Die Machtfrage begann sich erneut zu stellen, rasche Abhilfe tat not.

Ökonomische Liberalisierung durch die Regierung Rafsangānī

Es darf als sicher angenommen werden, daß Chomeinīs Machtübertragung an die Kräfte um Rafsangānī zu großen Teilen aus ökonomischen Notwendigkeiten herrührt. Die Brisanz der wirtschaftlichen Probleme der Revolution war ihrem Führer zweifellos gut bekannt. Der pragmatische, auf rasche Ergebnisse zielende Ansatz des damaligen Parlamentspräsidenten erschien deshalb als geringstes unter mehreren Übeln.

Zwar stand Rafsangānī einerseits für eine ausgebaute staatliche Wirtschaftsplanung (Fünfjahrplan), aber andererseits auch für eine Politik des schnellen Wachstums und der raschen Hebung des Lebensstandards einer Bevölkerung, die zu 65 Prozent unter der Armutsgrenze lebt.[24] Deshalb sprach er sich vehement für eine ökonomische Liberalisierung aus, die u.a. auch einen vermehrten Kapitalzufluß aus dem Ausland und eine verminderte staatliche Kontrolle über die Privatwirtschaft beinhaltete. Noch zu Lebzeiten Chomeinīs nahm Iran wieder größere Kredite auf den internationalen Finanzmärkten auf,[25] der Revolutionsführer selbst entschied: "Privatpersonen sollten an Importen teilhaben und mitentscheiden, die Regierung hingegen nur überwachen."[26]

Rafsangānī ermunterte Privatinvestitionen in der Industrie mit dem Fernziel der Etablierung einer starken privaten Unternehmerschaft auch außerhalb des Handelssektors. Einige Beobachter sahen darin bereits erste Anzeichen einer "Verbürgerlichung" der islamischen Revolution.

> "National development, planning, and reconstruction now occupy center stage, and a policy of economic liberalization fully in line with the new international orthodoxy has been adopted ... (but) the Iranian revolution did not entail a shift from one mode of production to another... Now that the revolution has run its course, social-property relations of a capitalist type are being restored under the guidance of the new state managers."[27]

Überflüssig zu betonen, daß sich Moghadam mit dieser Einschätzung in das Lager derjenigen einordnet, die Iran bereits im Stadium der "Zweiten Republik" wähnen.

Immerhin zeigte die ökonomische Liberalisierung zunächst durchaus Wirkung. Während die Handelsbourgeoisie die geringer gewordene Rolle des Staates im Binnen- und Außenhandel sofort nutzte und ihre Aktivitäten ausweitete, nahm die Durchsetzung von Privatinvestitionen in der Industrie allerdings einen deutlich langsameren Verlauf. Rafsangānī wies deshalb seine Minister an, in zahlreichen Gesprächsrunden mit potentiellen Investoren den Weg für eine iranische Privatindustrie zu ebnen.

Insgesamt sollten Kenntnisse und Fähigkeiten in der Wirtschaft nun im Zweifelsfall wieder vor revolutionärem Elan gelten. In diesem Zusammenhang nahm auch das Bestreben der iranischen Regierung zu, ausländisches know-how und das Wissen der Hunderttausenden von Exiliranern wieder in den Dienst des Landes zu stellen. Selbst der neue Faqīh, Chāmeneʿī, erklärte:

"Im Prozeß des Wiederaufbaus nach dem Krieg ist es unmöglich, auf das know-how, auf die Kenntnisse und Fertigkeiten von Ausländern und emigrierten Landsleuten zu verzichten."[28]

Die Regierung Rafsanğānī beließ es nicht bei der bloßen Absicht. Sie verhandelte u.a. mit westeuropäischen Erdölfirmen über Investitionen in Iran und über eine Aufhebung der Obergrenze für die Anteile ausländischer Investoren (49 Prozent)[29], verfügte die Privatisierung von Staatsbetrieben und veranlaßte die Schaffung von speziellen Investitionszonen am Persischen Golf (Insel Qiš)[30]. Außerdem nahm sie auch Gespräche mit Weltbank und Internationalem Währungsfonds (IWF) auf,[31] um die Voraussetzungen für die Gewährung dringend benötigter niedrigverzinster Kredite zu klären.

Rafsanğānīs Wirtschaftskurs stieß bei der Mehrheit der Bevölkerung zunächst auf breiten Widerhall. Auch wenn die Förderung des Privatsektors nicht jedermanns Beifall fand, setzte der ernsthafte Versuch, mit der gescheiterten Wirtschaftspolitik seit 1979 zu brechen und erfolgverheißendere Konzepte zu testen, Unterstützung frei. Rafsanğānī konnte wohl das Charisma Chomeinīs nicht ersetzen, aber es hatte den Anschein, als läge es in seiner Macht, das enge nachrevolutionäre Verhältnis zwischen Führung und Mehrheit der Geführten unter anderen Vorzeichen und Schwerpunktsetzungen fortzusetzen.

Gegenkonzepte und -maßnahmen der geistlichen Opposition

Ein Erfolg der Wirtschaftspolitik Rafsanğānīs würde den Charakter der Islamischen Republik zweifellos am ehesten verändern. Deshalb war es nur folgerichtig, daß ihm seine Gegner auf diesem Gebiet nachdrücklich Paroli boten. Ihre anfängliche Zurückhaltung läßt sich nicht nur mit dem Verdikt Chomeinīs zugunsten Rafsanğānīs erklären.

Sie standen 1989 vor dem Dilemma, keine eigenen erfolgversprechenden Programme anbieten zu können, die sich von den bis dato erprobten wesentlich unterschieden hätten. So beschränkten sie sich zunächst auf massive Kritik. Wiederholt meldeten sie sich in den mit ihnen sympathisierenden Medien mit der rhetorischen Frage zu Wort, was wohl mit den islamischen Werten und Moralvorstellungen geschehe, wenn eine breite und unkontrollierte Kooperation mit Ausländern in die Wege geleitet würde.

Der im Zuge der Kabinettsumstellung nach der Präsidentschaftsübernahme Rafsanğānīs entlassene Innenminister Moḥtašemī brachte es auf den Punkt: "Diejenigen, die immer wieder fordern, daß wir das Wissen von Ausländern für unseren Wiederaufbau benötigen, sind entweder unwissend oder - viel schlimmer - Verräter."[32] Sein Gesinnungsfreund, der Führer der "Studenten auf der Linie des Imam", Choʿenī, schlug vor, den Wiederaufbau stattdessen in die Hände integrer und den Werten der islamischen Revolution verpflichteter Einheimischer zu legen, da die Revolution sonst ihre Richtung verlöre.[33] Es ging ihnen aber um weitaus mehr, als die Wirtschaftskontakte mit Ausländern auf ein Minimum zu reduzieren. Rafsanǧānīs Wirtschaftskurs führt für sie in der Quintessenz zu einer erneuten festen Einbindung Irans in das internationale Wirtschaftssystem. Damit würde das Land ihrer Meinung nach - wie unter dem Schah - die Kontrolle über die ökonomische Entwicklung verlieren. Materialismus, Konsumdenken und geistige Indifferenz würden ein weiteres Mal über die islamische Vision einer "guten" Gesellschaft triumphieren.

Eine genauere Analyse der Motive der erbitterten Gegnerschaft jener Kräfte gegen das ökonomische Liberalisierungsprogramm Rafsanǧānīs offenbart allerdings noch andere Gründe als die Sorge um "krankhafte Mutationen der islamischen Revolution". Es stehen handfeste materielle Interessen auf dem Spiel. Die namhaftesten Gegner des Präsidenten sind fast ausschließlich auch in den Führungsetagen der zahlreichen Stiftungen (bonyādhā) des Landes vertreten.

> "1979 übernahmen sie in der Art von Holdings das gesamte konfiszierte Vermögen des Schahs und seiner Klientel. Ihnen gehören heute die größten Industriebetriebe, etwa ein halbes Dutzend von ihnen soll einen Großteil der Wirtschaft Irans kontrollieren. Sie widersetzen sich der Privatisierung..."[34]

Die Stellung der Stiftungen ist in der Verfassung des Landes nicht definiert; sie genießen einen Handlungsraum, der sich de facto der Kontrolle der Regierung entzieht. Obwohl sie vordergründig charitative Aufgaben hervorheben,[35] bündeln sie doch gewaltige ökonomische und finanzielle Interessen. Die Erhaltung des Status quo und damit jegliche Ablehnung von Regierungskontrolle geniessen somit höchste Priorität. Zu den wichtigsten Stiftungen gehören:
- Bonyād-e Mostazʿafān va Ǧanbarān (Stiftung der Unterdrückten und derjenigen, die ihr Leben einsetzen). Führer: Moḥsen Rafīqdūst, einst Chauffeur Chomeinīs, 1982 bis 1988 Kommandeur der Pasdarān (Revolutionswächter), 1989 übernahm er die Führung der Stiftung. Ihr gehören etwa 300 Unternehmen mit insgesamt 2000 Betrieben. Das Budget der Stiftung soll ein Zehntel des Staatshaushalts erreichen;[36]
- Bonyād-e Imām (Imām-Stiftung). Führer: Habībollāh ʿAsgar Ovlādī;[37]
- Bonyād-e Šahīd (Märtyrer-Stiftung). Führer: Mehdī Karrūbī, bis 1992 Parlamentspräsident;[38]
- Bonyād-e Ponzdahom-e Chordād (Stiftung des 15. Chordād). Führer: Āyatollāh Hossein Sanʿeī. Die Stiftung wurde von Basarhändlern gegründet, die am Aufstand gegen den Schah vom 5. Juni 1963 (15. Chordād) beteiligt waren, in dessen Folge Āyatollāh Chomeinī am 4. November 1964 des Landes verwiesen wurde.[39] Auch ihr gehört eine Vielzahl von Fabriken und anderen Wirtschaftsinstitutionen, sie gilt vielen als die reichste und mächtigste der Stiftungen. Bekannter wurde sie u.a. auch durch die Auslobung eines Kopfgeldes von mehreren Millionen Dollar für den Tod Salman Rushdies.[40]

Die finanziellen und personellen Verflechtungen der Stiftungen durchziehen das gesamte iranische Regime, sorgsam verschleierte Abhängigkeits- und Klientelverhältnisse lassen ökonomische Liberalisierungsansätze häufig genug scheitern.

Die Macht der Stiftungen treibt ihnen darüber hinaus auch eine Anhängerschaft zu, der vordergründig eigentlich eher an Privatisierung und Liberalisierung gelegen sein sollte - z.B. den Basar. Nicht nur die 15. Chordād-Stiftung genießt die wohlwollende Unterstützung der Basargroßhändler. Jahr für Jahr lassen sie den Stiftungen beträchtliche Geldsummen zufließen, um sich deren Hilfe bei der Umgehung von Regierungsdirektiven zu erkaufen. Der Basar trachtet vor allem danach, seine Importhoheit zu bewahren und jede regierungsamtliche Einmischung zu unterbinden. Damit torpediert er u.a. die Devisenpolitik der Regierung nachhaltig. Die Stiftungen sind jedenfalls hoch motiviert, ihre treuen Verbündeten im Basar nach Kräften zu unterstützen. Die Zweckallianz stellt somit ein großes Hindernis für die ökonomische Liberalisierung dar.

Selbstverständlich bleiben diese Motive bei den verbalen Attacken gegen Rafsanǧānī und seine Politik im Hintergrund. In ihren Verlautbarungen empfehlen seine Gegner vielmehr ein langsameres Aufbautempo, den vorrangigen Gebrauch einheimischer Rohstoffe, den Aufbau einer "indigenen" Industrie, eine Stärkung von Kooperativen statt einer "Hofierung des Privatsektors" und die Ausweitung der sozialen Dienste für die untersten Schichten der Bevölkerung.

Ihr Vorteil liegt auch darin, daß die Wirtschaftsreformen in ihrer Inaugu ralphase den Lebensstandard breitester Bevölkerungsschichten - wie auch zu anderen Zeiten und an anderen Orten - zunächst erst einmal kräftig senkten, sie aber die Durchführbarkeit ihrer eigenen Strategie aus einer Oppositionsposition heraus nicht nachweisen müssen. Gleichzeitig konnten sie sich jenen besagten 65 Prozent der Bevölkerung andienen, die unter der Armutsgrenze leben.

Ein soziales Netz existiert in Iran nur rudimentär, die stetigen Preissteigerungen treiben immer mehr Familien in tiefe materielle Not, nur von Moscheen und Stiftungen ausgegebene Warengutscheine sichern vielen das nackte Überleben. Noch 1994 mußte die Regierung zugeben, daß die staatlich festgelegten Mindestlöhne nur etwa einem knappen Drittel des Existenzminimums entsprechen.[41] Nur zu leicht sind die Geringverdiener daher durch Programme manipulierbar, die eine Ökonomie ausschließlich im Dienst der Mostaẓᶜafin fordern. Dabei wird kaum registriert, daß es der von Moḥtašemī, Choᶜenī und anderen propagierte Wirtschaftskurs war, der den gegenwärtigen wirtschaftlichen Tiefstand mit hervorbrachte.

Nur zwischen 1979 und 1981 war es der iranischen Regierung zeitweise gelungen, das Einkommensgefälle im Land zu verringern. Schon 1984 klaffte die Einkommensschere zwar nicht so weit auseinander wie unmittelbar vor der

Revolution aber schon erheblich weiter als 1980/81. Ab Mitte der achtziger Jahre begann sich die Kluft zwischen Spitzenverdienern und Armen erneut stetig zu vertiefen. Die Reichen wurden reicher, die Armen ärmer.

"Although those who have become richer or poorer in the recent years are not necessarily all the same people who constituted the rich and the poor before the revolution, the gap between the very rich and the very poor (top and bottom deciles) is as wide as it was before the revolution for urban households, and, for the rural population, even wider... The IRI, which intitially claimed its political alliance with the urban und rural poor, has found itself increasingly close to 'entrepreneurs' and well-to-do 'independent workers'."[42]

Mīr ʿAlī Negārandeh, Ex-Parlamentarier und Aktivist der Anğomān-e Rohanyūn, der politischen Vereinigung der Gegner Rafsanğānīs, befand 1990: "Gegenwärtig befindet sich eine Summe, die das Staatsbudget um das Sechsfache übersteigt, in den Händen von 3000 Familien im Privatsektor."[43] Mit keinem Wort ging er auf die Ursachen dieser Kapitalkonzentration nach elf Jahren islamischer Revolution ein oder regte an, diese Mittel in den Wirtschaftsaufbau einzuspeisen, wie es die Privatisierungskonzepte der Regierung planen.

Stattdessen werden derartige Argumente als Druckmittel gegen Rafsanğānī verwendet, aktiv gegen "Wirtschaftsterroristen" vorzugehen und besonders abschreckende Beispiele der Bereicherung öffentlich zu hängen.[44]

Es sei nicht verschwiegen, daß zur Gegnerschaft des Präsidenten auch Kräfte gehören, denen sein Liberalisierungsansatz nicht weit genug greift. An ihrer Spitze steht die Resālat-Gruppe unter Āyatollāh Āzārī Qomī. Sie verlangt eine umgehende und umfassende Privatisierung der Wirtschaft, die auch das Bankwesen einschließen müßte. Selbst die Zentralbank wird als hinderliches Element für die Privatisierung abgelehnt.[45] Den Zielen der Resālat-Gruppe neigen unterdessen auch Personen zu, die in den Anfangsjahren der Revolution eher für "sozialistische" Wirtschaftskonzeptionen standen. Als prominentestes Beispiel kann der ehemalige Minister für Schwerindustrie, Behzād Nabavī, gelten, der nicht müde wird zu propagieren, daß der Sozialismus die Armut nur verteile und somit nur die freie Marktwirtschaft eine vernünftige Lösung verheiße.[46]

Die Vielgestalt der Gegnerschaft gegen den Wirtschaftskurs Rafsanğānīs offenbart jedenfalls, daß die Opposition über genug Potential und Entschlossenheit verfügt, um die Intentionen des Präsidenten empfindlich zu stören.

Rahmenbedingungen, Ergebnisse und Folgen der ökonomischen Liberalisierung

Neben den massiven Störversuchen der Gegner des Liberalisierungskurses beeinträchtigen ihn aber noch andere Bedingungen, die kaum durch die iranische Regierung zu beeinflussen sind. Die nahezu vollständige Abhängigkeit des iranischen Budgets von den Erlösen aus dem Erdölexport bedingt, daß der Erfolg der Liberalisierung auf planbaren und stabilen Deviseneinkünften fußt. Seit der Präsidentschaft Rafsanğānīs sind die Exporterlöse auf Grund niedriger Weltmarktpreise für Rohöl aber tendenziell rückläufig. Man mag der Regierung Irans Illusionen und Voluntarismus vorwerfen, Tatsache bleibt, daß die beiden seit Rafsanğānīs Amtsantritt verabschiedeten Fünfjahrpläne, die den Rahmen der ökonomischen Liberalisierung abgeben sollten, zu hohe Erwartungen hinsichtlich der Exporteinkünfte beinhalteten.

Die Pläne gingen von einem durchschnittlichen Weltmarktpreis für Rohöl von 18 $/Barrel aus, im Jahr 1993 erzielte die National Iranian Oil Company (NIOC) jedoch nur 13 $/Barrel. Statt der geplanten 18 Md. $ Gewinnen aus dem Ölexport wurden nur 13 Md. $ eingenommen.[47] Auch im Folgejahr flossen nur 12 Md. $ in die Staatskassen, 5 Md. $ weniger als geplant.[48] Um die ehrgeizigen Wirtschaftspläne nicht substantiell korrigieren zu müssen, beschritt die iranische Regierung einen Pfad, den sie bis 1989 sorgsam vermieden hatte - die Aufnahme von Schulden.

Verglichen mit den Rekordschulden des Kriegsgegners Irak, stand Iran zum Zeitpunkt des Waffenstillstands vor einem niedrigen Schuldenberg. Der von Chomeinī sanktionierte Wirtschaftskurs Rafsanğānīs führte aber - wie angeführt - zu einer vermehrten Kreditaufnahme und damit auch zu einer raschen Zunahme der iranischen Auslandsschulden. Die Regierung finanzierte ihre hohen Handelsbilanzdefizite 1991 und 1992 nicht mit langfristigen Krediten (die nach Chomeinīs Tod innenpolitisch nur schwer durchsetzbar waren), sondern mit teuren, kurzfristigen Lieferantenkrediten. Als der Erdölexport nicht die erwarteten Erlöse erbrachte, geriet Iran in ernste Finanzierungsschwierigkeiten.

Im Frühjahr 1993 schuldete Teheran deutschen, französischen und japanischen Handelspartnern 3 Md. $, bei insgesamt 15-17 Md. $ Auslandsschulden.[49] Für Ende 1993 habe der iranische Präsident sogar 28 Md. $ Verbindlichkeiten im Ausland eingeräumt;[50] der amerikanische Sicherheitsberater Lake rundete diesen Betrag 1994 auf 30 Md. $ auf.[51] Nicht prolongierte Rückstände bei westlichen Exportkreditländern erreichten weitere 6-7 Md. $. Bis Ende 1993 wurden nochmals 5 Md. $ an Lieferantenkrediten fällig, für mittelfristige Projektfinanzierungen außerdem 10 Md. $. Da viele Zahlungsrückstände zehn Monate überschreiten, nehmen westliche Banken und Kreditgeber kaum noch iranische Importakkreditive in Zahlung. Damit brachen wichtige Teile der iranischen Industrie zusammen.

Der Rückgang der Industrieproduktion wurde von einer stagnierenden Agrarwirtschaft flankiert. Iran verwendet fast ein Viertel aller Einnahmen für die Einfuhr von Nahrungsmitteln. Hochrechnungen veranschlagen auf dieser Basis, daß Iran in zehn Jahren seine gesamten Einnahmen aus dem Erdölexport für die Einfuhr von Nahrungsmitteln verwenden müßte.[52]

Das Jahr 1994 brachte zwar eine gewisse Erleichterung, als Deutschland begann, Iran mit einem Umschuldungsprogramm entgegenzukommen und die Mehrzahl der übrigen Gläubigerländer folgte.

"Trotz dieser Erfolge besteht in Wirtschaftskreisen Skepsis, ob Teheran dieser neu gewonnene Spielraum zur Rückzahlung seiner Schulden ausreicht. Denn zumindest mittelfristig wird Iran mit Devisenerlösen von lediglich 10 Mrd. US-Dollar für Erdöl und 3 Mrd. US-Dollar für Nichterdölprodukte rechnen können. Damit stagnieren die iranischen Exporte - mehr oder minder - seit der Revolution. Seither hat sich die Bevölkerung aber fast verdoppelt, und der Wert des US-Dollars hat sich halbiert."[53]

Ende 1994 veröffentlichte die regierungsfreundliche Hauptstadtzeitung "Hamšahrī" eine Bestandsaufnahme der bisherigen Ergebnisse der Liberalisierungspolitik und der Zwänge, denen sie ausgesetzt ist, die an Deutlichkeit kaum zu überbieten war. Vier Faktoren erschienen den Redakteuren besonders erwähnenswert:
- Der Mangel an Devisen treibt die Umtauschraten in die Höhe und verstärkt damit die Inflation.
- Der Regierung fehlen die Mittel, um wirksam gegen Spekulanten, Profiteure und andere Gegner des Wirtschaftskurses vorzugehen, weil diese im Basar einen mächtigen Rückhalt besitzen.
- Die Regierung muß mit der teuren Subventionierung von Waren und Dienstleistungen fortfahren, weil ansonsten sofortige Unruhen unter der Bevölkerung sicher sind.
- Die bisherigen moderaten Erhöhungen der Preise für Wasser, Elektrizität, im Post- und Transportwesen sind nicht geeignet, das Budget wirksam zu entlasten.[54]

Da der ökonomischen Liberalisierung bisher ein sichtbarer Erfolg versagt blieb, gelang es Rafsanǧānī nur noch unzureichend, dem Druck seiner Gegner zu widerstehen. Auch aus dem Parlament, von dem es seit den Wahlen von 1992 zunächst schien, als seien seine Anhänger in ihm in der Mehrzahl, erfuhr er in der Legislaturperiode bis Frühjahr 1996 kaum noch Unterstützung. Die Mandatsträger fürchteten angesichts der wirtschaftlichen Talfahrt um die Wiederwahl in ihren Wahlkreisen und befleißigten sich einer Kritik am Präsidenten, die der ihrer Amtsvorgänger kaum noch nachstand.[55] Schließlich bekannten sich nur noch etwa 30 Abgeordnete offen zum Lager des Präsidenten. Ihre Zahl war zu gering, um zu verhindern, daß das Parlament wiederholt wichtige Vertrauenspersonen und Wirtschaftslenker Rafsanǧānīs ablehnte und seine Basis damit weiter schmälerte. Dazu gehören Mohsen Nūrbachš, Mohammad Hossein Adelī und Masʿūd Roghānī Zanǧānī, im Volksmund als die "drei Musketiere" Rafsanǧānīs beschrieben und in Etappen bis zum Sommer 1995 aus wirtschaftsentscheidenden Positionen verdrängt.[56] Diese Erfahrungen geben dem Präsidenten jedenfalls gegenwärtig keine Sicherheit, auf die Unterstützung der 1996 gewählten Parlamentarier vertrauen zu dürfen.

Selbst Faqīh Chāmeneʿī zollt dem sich verändernden Kräfteverhältnis Tribut und rückt schrittweise vom Programm der ökonomischen Liberalisierung ab. Er spricht sich in jüngster Zeit für eine Stärkung der "islamischen Planwirtschaft" aus, für ein zentralgeleitetes Bankensystem, geringere Neuverschuldung im Ausland, vermindertes Tempo der Privatisierung und für den Ausbau der Subventionen.[57]

Rafsanğānī geriet auf diese Weise in eine derartige Bedrängnis, daß er vom Kurs der ökonomischen Liberalisierung selbst immer weiter abrückt. In seinen jüngsten wirtschaftlichen Direktiven ist eine langfristige Strategie kaum noch auszumachen, taktische Maßnahmen von Tag zu Tag, Reaktion vor Aktion überwiegen. Längst sah er sich gezwungen, den Kollisionskurs mit seinen Gegnern zu verlassen und Kompromißangebote zu unterbreiten. Seine jüngsten Erklärungen zur Wirtschaftspolitik beschwören die Autarkie (*chod kafāʾī*) und das Ausbalancieren (*taʿdīl*). Gestützt auf die nationale Industrie und Landwirtschaft soll Iran nun trotz ökonomischer Interdependenz und Nahrungsmittelimporten mittelfristig auf eigenen Beinen stehen können.

Die Rückkehr auf den Weltmarkt wurde aus den wirtschaftlichen Zielvorgaben gestrichen; Iran soll primär ein unabhängiger und wirtschaftlich starker Stabilitätsfaktor zwischen Persischem Golf und Zentralasien werden.[58] Der Präsident versichert, daß der staatliche Sektor weiterhin für die Schwerindustrie und für die Infrastruktur verantwortlich zeichne und Privatunternehmen keine strategisch wichtigen Industriezweige überlassen würden. Um den stetigen Vorwürfen einer Vertiefung der iranischen Auslandsabhängigkeit zu entgehen, reduzierte Rafsanğānī auch die Direktkontakte mit westlichen Banken.

Partner werden nun zunehmend Konsortien aus Banken, Erdöl- und Industrieunternehmen, deren Leistungen für Iran mit Erdöllieferungen an die Erdölfirmen innerhalb der Konsortien abgegolten werden.[59]

Nachdem selbst Insider des Regimes, wie der stellvertretende Außenminister Lārīğānī, den ersten Fünfjahrplan öffentlich als gescheitert deklarierten, weil ihm insgesamt die theoretischen Grundlagen gefehlt hätten,[60] vertiefte Rafsanğānī den Kompromißcharakter seiner Wirtschaftspolitik noch.

In seinen Darlegungen zur Vorstellung des 2. Fünfjahrplans ab März 1994 überwiegen Absichtserklärungen nach einer Reduzierung der Erdölabhängigkeit Irans, der Förderung der Nicht-Erdöl-Exporte und der Industriezweige, die die Erdölabhängigkeit am ehesten vermindern könnten. Dabei kämen auf den *Staat* entscheidende Regulierungsaufgaben zu. Er ließ nicht unerwähnt, daß in diese Überlegungen die Auffassungen Chāmeneʿīs eingeflossen seien. Fast hilflos appellierte er an die Parlamentarier und die Medien des Landes, die Kritik an den Ergebnissen des 1. Fünfjahrplanes zu mäßigen, um die Erfolgs-

aussichten des zweiten Planes nicht durch eine ungünstige Inaugurationsatmosphäre zu schmälern.[61]
Es sind aber eher die genannten harten Fakten, die den Start des neuen Fünfjahrplanes komplizieren dürften. Insgesamt geben die jüngsten Wirtschaftsdaten Irans und seine darauf aufbauenden ökonomischen Maßnahmen wieder den Argumenten der Skeptiker Raum, die die wirtschaftliche Liberalisierungsphase ausschließlich aus der Not heraus geboren sahen und ihr kaum Chancen auf Entfaltung zumessen.[62] Ein Scheitern der ökonomischen Liberalisierung bei gleichzeitiger Offenkundigkeit der Nichtanwendbarkeit bisher erprobter Wirtschaftsstrategien beinhaltet ohne Zweifel weitreichende Folgen für die Stabilität der Islamischen Republik Iran.

Politische Faktoren

Der politische Richtungskampf in der iranischen Führung nach dem Tod Chomeinīs

Trotz der integrierenden und alternativlosen Führungsrolle Chomeinīs stand die Geistlichkeit als Stratum der iranischen Gesellschaft zu Beginn der Erhebungen 1978/79 nicht korporativ an der Spitze der Revolution.[63] Dieser - äußerst gewaltsam verlaufende - Prozeß wurde erst Mitte bis Ende 1981 vollendet.[64]
In den Folgejahren fand die Geistlichkeit immer dann zu einem Grundkonsens, wenn es darum ging, die errungenen Machtpositionen kollektiv zu verteidigen. Vielen Analysen, die innerhalb des iranischen Klerus rasch Fraktionen ausmachten, die sie verkürzend und an westliches politisches Vokabular angelehnt als "Liberale", "Radikale", "Gemäßigte" oder "Fundamentalisten" bezeichneten (wohl auch weil Parteien und damit Kristallisationspunkte der öffentlichen Meinung und der politischen Standortbestimmung fehlten), mangelte es an der Erkenntnis, daß interfraktioneller Streit bisher stets dort ein Ende fand, wo die Machtinteressen der gesamten Kaste zur Disposition standen.
Daran sollte sich grundsätzlich auch nach dem Tod Chomeinīs nichts ändern, aber es erwuchs zweifellos die Frage, ob dessen herausragende Stärke als Faqīh, die Strömungen innerhalb des Klerus auszubalancieren und teilweise tiefe Zerwürfnisse nie bis zu einem Punkt eskalieren zu lassen, an dem sie das von ihm geschaffene Machtgefüge insgesamt gefährden könnten, zu ersetzen war. Der Tod des Faqīh bedeutete deshalb insofern einen Einschnitt, als daß sich auf längere Sicht noch entscheiden muß, ob die Geistlichkeit in der Lage bleibt, ohne zentrale, "unfehlbare" Appellationsinstanz vom Range Chomeinīs den grundlegenden Konsens zu halten.
Dafür spricht neben dem einigenden Interesse des gemeinsamen Machterhaltes auch die Tatsache, daß die Mehrzahl der führenden Geistlichen Irans

eine lange persönliche Bekanntschaft auszeichnet. Unter dem Druck quasi halblegalen Wirkens in den sechziger und siebziger Jahren fand eine starke - auch familiäre - Vernetzung statt. Viele teilten Hafterfahrungen, oft sogar in den gleichen Zellen. Dadurch wurden einerseits Beziehungen vertieft, entstanden gemeinsame Erfahrungen und Feindbilder, andererseits aber auch Kenntnisse über die Schwächen, Absichten und Motive des Gegenüber. Das führte u.a. dazu, daß sich Interessenunterschiede innerhalb der Geistlichkeit eben nicht primär an den bereits beschriebenen Etikettierungen als "Radikale", "Gemäßigte" usw. festmachen lassen. Die Gruppenbildung erfolgt vielmehr entlang sehr unterschiedlicher Leitlinien. Je nach Interessenlage vertreten einzelne Geistliche oder Gruppen von ihnen zu unterschiedlichen Zeiten und Anlässen durchaus wechselnde Positionen zwischen den genannten Polen.[65]

Dagegen sprechen in der Gegenwart mindestens zwei Faktoren. Zum einen wird der Richtungskampf um den weiteren Kurs Irans härter und elementarer, d.h. er könnte den machterhaltenden Grundkonsens innerhalb der Geistlichkeit schließlich gefährden. Zum anderen gewinnt ein außerhalb des Spannungsbogens zwischen "Gemäßigten" und "Radikalen" entstandenes Schisma innerhalb der Geistlichkeit an Erosionskraft - ihre unterschiedliche Stellung innerhalb des politischen Systems der Islamischen Republik Iran. So wirken z.B. "Insider", d.h. Amtsträger der Islamischen Republik neben "Outsidern", d.h. Klerikalen, die sich im wesentlichen auf ihre geistlichen Funktionen beschränken oder beschränkt werden.

Erstere entstammen insbesondere den mittleren und niederen Rängen der Geistlichkeit, eingeschworen auf Chomeinī und dessen Vision einer islamischen Republik, der sie ihre gegenwärtige Machtstellung einzig und allein verdanken. Sie hätten bei einem Systemwechsel zweifellos am meisten zu verlieren.

Anders das Establishment der religiösen Würdenträger, der Āyatollāhs und Großāyatollāhs in Qom und Mašhad. Aus einer Mischung aus Einsicht und Sympathie unterstützten sie Chomeinī, ohne dessen Grundsatz von der politischen Führung der islamischen Republik durch den Klerus mehrheitlich zu teilen. Nach dem Ableben des Revolutionsführers lehnten sie sich zunehmend gegen die Einbußen in ihrer politischen und religiösen Unabhängigkeit und gegen einen Staat auf, der "sie zu kleinen Funktionären und Rädchen eines Theologenstaates degradiert" hat.[66] Gestützt auf die Gewißheit, seit Jahrhunderten von den *religiösen* Bedürfnissen der Bevölkerung getragen zu werden, sehen sie Veränderungen im politischen System Irans gelassener entgegen bzw. beginnen sie, Kritik zu üben. Als aktivster Kritiker innerhalb der hohen Geistlichkeit gilt Großāyatollāh Makārem Šīrāzī, von seinen Hunderten Studenten ob seiner unkonventionellen Reformfreude liebevoll "Gorbatschow" tituliert, der zusammen mit den Āyatollāhs Rohānī und Montāzerī in Qom gewissermaßen ein kritisches Triumvirat bildet.[67]

Eindringlich warnen sie vor der Gefahr, die dem Islam ihrer Meinung nach von seiner weiteren Politisierung droht, sie kritisieren die Idolisierung Chomeinīs, "dessen Grab größer ausgefallen ist als dasjenige Imām Reḍā's in Mašhad"[68]. Allerdings handeln auch die Großāyatollāhs nicht einheitlich. Unterschiedlichste Motive speisen ihr Vorgehen, von der tatsächlichen Sorge um den Bestand der Religion bis hin zu Frustrationen über die gescheiterte Nachfolge Chomeinīs (Montāzerī). Außerdem bestehen zwischen den Zentren schiitischer Gelehrsamkeit in Qom und Mašhad traditionelle Differenzen, die ein einheitliches Handeln behindern.

Die von Chomeinī geschaffene Herrschaftsstruktur, die manchem Außenstehenden als anarchisch und chaotisch erscheint, setzt ganz bewußt auf diese Vielfalt und nutzt sie aus. Keine Institution, sei sie politischer, administrativer oder religiöser Natur, soll in der Lage sein, eine wichtige politische, ideologische oder wirtschaftliche Funktion allein auszuüben. Vielmehr sorgt ein System überlappender Aufgabenstellungen und Verantwortlichkeiten für eine nahezu lückenlose gegenseitige Kontrolle. Das sich manche Entscheidungen so gegenseitig aufheben oder zumindest stark behindern, wird billigend in Kauf genommen.

Die zum Programm erhobene Balancepolitik Chomeinīs hatte zwischen 1979 und 1989 verhindert, daß unterschiedliche Überlegungen in der Geistlichkeit über Schwerpunktsetzung und Eckpunkte der Entwicklungspolitik einen Eskalationsgrad erreichten, der den Bestand des Regimes hätte gefährden können. So darf zunächst einmal als nahezu folgerichtig angenommen werden, daß diese unterschiedlichen Auffassungen nach seinem Tod ein höheres Maß an öffentlicher Diskussion erreichen und sich schärfer artikulierten. Festzuhalten bleibt aber, daß der Dissens schon vor dem 3. Juni 1989 virulent war und *keine* Folge des Ablebens des Revolutionsführers darstellt.

Die Geistlichkeit hatte unterschiedliche Auffassungen zum Beispiel auch während der vorangegangenen Jahre offen zum Ausdruck gebracht. Der Maǧles-e Šūrāye Eslāmī (Parlament) war schon seit 1980 ein Forum des Meinungs- und Richtungsstreits gewesen, Positionen zeigten sich relativ gefestigt und mußten nicht erst nach dem Tod Chomeinīs gänzlich neu definiert werden. Andreas Rieck ist durchaus zuzustimmen, wenn er feststellte: "Das Parlament ist ein Element der breiten Streuung von Machtpositionen und Pfründen, dem das Regime der Islamischen Republik seine bisherige Stabilität verdankt hat."[69] Ein grundsätzlicher Charakterwandel kann hierin nach 1989 nicht ausgemacht werden, zumal die Arbeit des Parlaments weiterhin von einem zwölfköpfigen (sechs vom Faqīh bestimmte Geistliche und sechs vom Obersten Justizrat benannte Laienjuristen) und für die Dauer von sechs Jahren ernannten Wächterrat (Šūrāye Negāhbān) kontrolliert wird, der alle seine Beschlüsse auf ihre Islamkonformität hin prüft und gegebenenfalls zurückweist.[70]

Auf die Geistlichkeit bezogen, manifestieren sich die unterschiedlichen Auffassungen - über die Debatten im Parlament hinaus - organisatorisch vor allem in losen Wahlbündnissen[71] und Interessengruppierungen, deren wichtigste die Ǧamʿeye Rohanyat-e Mobārez (Gesellschaft der kämpferischen Geistlichkeit)

und die Anğomān-e Rohanyūn-e Mobārez (Vereinigung der kämpferischen Geistlichkeit) sind.
  Erstere Gruppierung bekam in der westlichen Publizistik das Etikett "moderat" zugeordnet. Sie wird getragen vom Lehrkörper der Hovzehye Elmīye in Qom und besitzt im Basar, in der privaten Unternehmerschaft, den Technokraten und in der lohnabhängigen Mittelschicht einen wesentlichen ökonomischen Rückhalt. Ideell standen ihr zunächst sowohl Rafsanğānī als auch Chāmeneʿī und Mahdavī-Kānī nahe. Sie unterstützt die Stärkung des Systems der Herrschaft des Faqīh, stellte sich nach 1989 zeitweise auf die Seite der Wirtschaftspolitik Rafsanğānīs, lehnt eine Omnipräsenz des Staates ab und tritt für das Primat der *nationalen* Interessen Irans ein.
  Die zweite Gruppierung, die "Radikalen", stützt sich vor allem auf die "Studenten auf der Linie des Imām", auf die "Islamische Lehrervereinigung", auf das Chānehye Kārgar (Arbeiterhaus) und auf andere Grüppchen. Ihre Wortführer waren und sind der langjährige Innenminister Mohtašemī, der frühere Ministerpräsident Mūsavī, der ehemalige Generalstaatsanwalt und Führer der "Studenten auf der Linie des Imām", Choʿenī, der abgelöste Informations- und Sicherheitsminister Reyšahrī, der entlassene Revolutionsrichter Chalchalī, Chomeinīs Sohn Ahmad (verstorben 1995) und andere.
  Sie verfechten eine "unverfälschte" Weiterführung der Gründungsideale der Islamischen Republik, d.h. eine uneingeschränkte klerikale Führung in allen Machtebenen, die Aufrechterhaltung eines hohen islamischen Moralkodex, eine staatlich dominierte Wirtschaftspolitik mit egalitaristischen Komponenten, fortgesetzte Anstrengungen um einen "Export der islamischen Revolution", d.h. sie lehnen einen Kompromißkurs in der Außenpolitik strikt ab.
  Die Erfolglosigkeit Rafsanğānīs in seinem Kurs der ökonomischen Liberalisierung ließ seine Anhängerschaft im erstgenannten Lager schwinden. Die iranische Presse befleißigt sich deshalb seit Mitte der neunziger Jahre einer Dreiteilung der politischen Kräfte des Landes. Links sieht sie die "Radikalen" der Anğomān-e Rohanyūn, in der Mitte den Präsidenten und die Regierung und auf der rechten Flanke die Rohanyat-Fraktion, ergänzt und getrieben durch Gruppen wie Resālat.[72]

Rafsanğānī und Chāmeneʿī als Erben Chomeinīs

Die Wochen und Monate nach dem Tod Chomeinīs sahen insgesamt jedoch noch die in sich geschlossene erste Gruppierung auf der Siegerstraße. Rafsanğānī übernahm komplikationslos das Präsidentenamt, Chāmeneʿī löste Chomeinī als Faqīh ab,[73] die Position des Ministerpräsidenten wurde ersatzlos gestrichen (Mūsavī damit "kaltgestellt"), Mohtašemī verlor schon am 27. August 1989 seine Position als Innenminister ebenso wie Choʿenī als Generalstaatsanwalt und Reyšahrī als Informations- und Sicherheitsminister. Im Mai 1990 beschworen 90 Geistliche, Intellektuelle und pensionierte Offiziere den

Präsidenten, angesichts der inneren Verfassung der Republik und ihrer außenpolitischen Isolation unbedingt mit dem eingeschlagenen Kurs fortzufahren.[74] So verblieben zwar die politisch entscheidenden Positionen in Iran (Faqīh, Präsident, Parlamentspräsident, Oberbefehlshaber der Streitkräfte, Geheimdienstchef, Ministerien für Inneres, Justiz, Information - Islamic Guidance) weiterhin in den Händen von Geistlichen, die Fachministerien wurden aber im ersten "Nach-Chomeinī-Kabinett" fast durchweg von Technokraten übernommen.[75] Die Parlamentswahlen vom Mai 1992 bedeuteten eine weitere "Nagelprobe" für den Kurs des damals noch einhellig agierenden Gespanns Rafsanğānī/Chāmeneʿī. Auf Initiative des Faqīh prüfte der Wächterrat jeden einzelnen der 3150 Kandidaten und schloß zwei Drittel (2050) von ihnen aus.[76] Wahlchancen besaßen insgesamt nur Kandidaten, die sich einem der großen klerikalen Lager zurechneten, d.h. von Stiftungen und deren jeweiliger Presse unterstützt wurden. Auch die Freitagsprediger nahmen großen Einfluß auf den Wahlausgang, indem sie für Kandidaten warben, die sich ihnen als wertvoll präsentierten. In diesem System hatten Kräfte um die Nehzat-e Āzādīye Iran (Iranische Freiheitsbewegung) unter Mehdī Bāsārgān keinen nennenswerten Zuspruch. Sie boykottierten daher die Wahl.[77] Die konzertierte Aktion der Kräfte um Rafsanğānī und Chāmeneʿī führte schließlich zum Erfolg. Die Anzahl der Sitze von Anhängern der Anğomān-e Rohanyūn-e Mobārez wurde entscheidend vermindert. Karrūbī, Choʿenī und Mohtašemī erreichten bei 30 in Teheran zu vergebenden Mandaten nur die beschämenden Plätze 32, 34 und 38[78], dagegen wurden 70 Prozent der neuen Abgeordneten, insgesamt 186 junge Technokraten und Berufstätige[79], dem politischen Lager Rafsanğānīs zugerechnet. Sein damaliger Sympathisant ʿAlī Akbar Nāteq Nūrī löste seinen Gegner Karrūbī als Parlamentssprecher ab.[80] So gelten die Parlamentswahlen von 1992 unterdessen auch als Zenit der Macht und des Ansehens Rafsanğānīs.

Die meinungsbildenden Medien Irans begleiteten den Vormarsch der "Gemäßigten" mit einer umfangreichen Berichterstattung. "Ettelāʿāt" veröffentlichte eine Artikelserie des namhaften Āyatollāhs Kermānī, der die Revolution in ein "neues Zeitalter" getreten sah, ein Zeitalter der Konsolidierung, in dem "Unrast und Wut" durch "Weisheit und Vernunft" abgelöst würden.[81]

Die Erneuerer um Rafsanğānī wären an der Wende zu den neunziger Jahren allerdings kaum so erfolgreich gewesen, wenn sie sich abseits des Gesetzes befunden hätten. Dabei spielte die nur wenige Wochen nach dem Tod Chomeinīs verabschiedete geänderte Verfassung der Islamischen Republik Iran eine wesentliche Rolle. Sie sah einige wesentliche Modifizierungen vor, die der neuen Entwicklungsetappe eine gesetzliche Grundlage gaben. Möglicherweise hat die zeitliche Abfolge der Ereignisse (3. Juni 1989 Tod Chomeinīs, 28. Juli 1989 Verfassungsreferendum) entscheidend zu der Auffassung beigetragen, die "Gemäßigten" hätten nur auf das Ableben des Revolutionsführers gewartet, um ihre Vorstellungen in der Verfassung zu verankern und sie damit in einer wichtigen Phase der iranischen Entwicklung unangreifbar zu machen. Diese

Auffassung klammert aber aus, daß die Diskussion um die Inhalte der neuen Verfassung schon Monate *vor* dem Hinscheiden Chomeinīs einsetzte und von diesem maßgeblich gelenkt wurde. Der Faqīh hatte sich in der Frage notwendiger Verfassungsänderungen den Forderungen einflußreicher Mitstreiter ebensowenig verschlossen wie den dringlichen Appellen des damaligen Oberbefehlshabers der iranischen Streitkräfte, Hašemī Rafsanğānīs, die 1988 schließlich zur Annahme der UNO-Sicherheitsratsresolution Nr. 598 geführt hatten.

Schon im Dezember 1988 waren nämlich Präsident Chāmeneʿī und Āyatollāh Meškīnī, Vorsitzender des Expertenrates und Freitagsprediger von Qom, mit dem Ansinnen auf Chomeinī zugegangen, die Verfassung von 1979 zu ändern.[82] Aus ihrer Sicht hatten die Bestimmungen dieser Verfassung insgesamt nicht die in sie gesetzten Erwartungen erfüllt. Dazu war sie wohl auch zu sehr ein "Kind ihrer Zeit", denn ihre Zielstellung bestand unmittelbar nach dem Sturz des Schahs primär darin, den bei weitem noch nicht entschiedenen Machtkampf um die führenden Positionen in der Islamischen Republik zugunsten der Geistlichkeit zu entscheiden. Udo Steinbach stellte deshalb richtig fest, daß die Verfassung von 1979 vor allem wesentliche Elemente des schiitischen Staats- und Herrschaftsverständnisses widerspiegelt.[83] Durch die Schaffung der Institution des Faqīh als höchster Machtinstanz Irans trug sie tatsächlich entscheidend dazu bei, den Konsolidierungsprozeß der klerikalen Macht zu beschleunigen und ihn bis Ende 1981 abzuschließen.[84]

Die Kehrseite der Hyperkonzentration von Macht in den Händen des Faqīh bestand jedoch in einer außerordentlich vagen Kompetenzzuteilung für die übrigen staatlichen Institutionen und Ämter, insbesondere das des Präsidenten. Die Indifferenz in der Machtausstattung dieses Amtes hatte seit 1980 dazu geführt, daß der Präsident in entscheidenden Fragen kaum Gelegenheit bekam, seine Auffassungen durchzusetzen. Die Verfassung von 1979 sah eine schwache und zersplitterte Exekutive vor, die dem Präsidenten kaum mehr als zeremonielle Pflichten zumaß. Im unentschiedenen Machtkampf der Jahre 1979/80 galt es immerhin, einen Machtfokus außerhalb der klerikal kontrollierten Strukturen zu verhindern. Die Geistlichkeit fühlte sich durch einen von der provisorischen Regierung Bāzārgān eingebrachten Verfassungsentwurf aufgeschreckt, der eine Präsidialrepublik vorsah, die der Geistlichkeit kaum mehr politischen Handlungsspielraum zugestanden hätte, als in der Verfassung von 1906 vorgesehen.

So setzten die Gründerväter der Islamischen Republik alle Hoffnungen auf die Funktion des Faqīh,[85] der über Exekutive, Legislative und Judikative stehen sollte und mittels Direktiven auf sie Einfluß nahm. "Alle drei Funktionen müssen dem Faqīh untergeordnet werden, und nur er sollte die Richtung des Landes bestimmen"[86], äußerte Āyatollāh Mūsavī Ġazāʿerī, einer der Autoren der ersten Verfassung der Islamischen Republik Iran. Mūsavī Tabrīzī, einer seiner Koautoren, erklärte: "Ein starker Präsident könnte das Parlament auflösen, den Ministerpräsidenten entlassen und sich selbst als Diktator Irans installieren."[87] Er hätte in jedem Fall die Macht des Parlaments beschnitten, in dem die Geistlichkeit eine bevorzugte Stätte ihres politischen Wirkens sah.[88] Nach der Annahme der ersten Verfassung Irans durfte der Präsident zwar den Ministerpräsidenten und eine Ministerliste vorschlagen, das Parlament behielt sich aber das letzte Entscheidungsrecht vor.[89] Nicht zuletzt an dieser Verfügung scheiterte Abolhassan Banīsadr, der erste Präsident der Islamischen Republik Iran, der sich als gewählter Repräsentant des Volkes verstand (75 Prozent der Wählerstimmen) und gegen eine ausschließlich klerikale politische Führung des Landes eintrat. Nach dem kurzen Intermezzo des Präsidenten Rağāʿī übernahm ʿAlī Chāmeneʿī im Oktober 1981 das verwaiste Amt.

Da aber, wie gesagt, zu diesem Zeitpunkt die Machtkonsolidierung der Geistlichkeit als abgeschlossen gelten konnte, verstand sich Chāmeneʿī denn auch eher als Verweser des Amtes und sah seine Ziele vor allem darin, den Beweis dafür anzutreten, daß die Bestimmungen der Verfassung umsetzbar seien. Durch den Krieg mit Irak zeitweise überdeckt und entschärft, konnte er aber das Grundproblem permanenter Kompetenzstreitigkeiten zwischen Exekutive, Legislative und Wächterrat in seiner Amtszeit nicht lösen. Nach dem Waffenstillstand mit Irak am 20. August 1988 und mit den gigantischen Aufgaben des Wiederaufbaus konfrontiert, kollabierte die Struktur endgültig.

Es zeigt sich in der Rückschau, daß der 1. Golfkrieg die Ausgestaltung der in der Verfassung von 1979 niedergelegten revolutionären islamischen Wirtschafts- und Gesellschaftsordnung de facto verhindert hat.[90] Nach der Erfüllung der vorrangigen Aufgabe klerikaler Machtsicherung erwies sich die Verfassung im übrigen als nicht realisierbar. Der Krieg mit Irak hatte diesen Umstand nur seit mehreren Jahren kaschiert.

Entscheidungen des Parlaments, der Regierung und des Wächterrates blockierten sich häufig gegenseitig. Nach dem Waffenstillstand mit Irak verfügte Chomeinī deshalb, daß der Wächterrat auf Beschlüsse des Parlaments, die mit Zweidrittelmehrheit zustande gekommen waren, keinen Einfluß mehr nehmen könne. Trotzdem hielten die wechselseitigen Behinderungen der beiden Gremien an. Der Faqīh versuchte deshalb schon am 6. Dezember 1988, der Pattsituation mit der Etablierung eines Schlichtungsrates aus den sechs geistlichen Mitgliedern des Wächterrates und sieben Angehörigen der Regierung und der Justiz zu begegnen,[91] ohne damit der Lösung des Problems insgesamt näherzukommen. Im Gegenteil, aus dem Parlament häuften sich Kritiken an der neuen Institution, die aus der Sicht vieler Parlamentarier dazu angetan war, ihre eigene Arbeit zu deklassieren.[92] Als der Schlichtungsrat damit begann, Gesetzesvorlagen an Parlament *und* Wächterrat vorbei zu lancieren, begann auch letzterer, die neue Institution massiv zu kritisieren.[93] Chomeinī kam zu der Überzeugung, daß Stückwerk nicht dazu angetan war, die Regierungskrise zu lindern, und daß daher die Verfassung als Grundlage des Staates den neuen Gegebenheiten anzupassen sei.

Da die Bestimmungen von 1979 eigentlich keine Veränderungsmöglichkeiten vorsahen, konnte auch nur der Faqīh seine Machtvollkommenheit nutzen, um den Prozeß in die Wege zu leiten. Anfang April 1989 erhielt er einen Brief von 170 Parlamentsabgeordneten, die ihn dringend um die Zustimmung zu notwendigen Verfassungsänderungen baten. Das dürfte der letzte Anstoß für ein Schreiben Chomeinīs an Präsident Chāmeneʾī vom 24. April 1989 gewesen sein, worin er diesem grundsätzlich zustimmte, daß die Verfassung von 1979 Schwächen enthalte, und worin er ihn deshalb aufforderte, eine Kommission zur Revision der Verfassung zu gründen.[94] In Anerkennung der Vorleistungen beider bestimmte er darüber hinaus Āyatollāh Meškīnī zum Vorsitzenden der Kommission.

Der Faqīh gab Meškīnī detaillierte Anweisungen, worauf er bei seiner Arbeit besondere Obacht zu geben habe. Dabei standen die Probleme der islamischen Führung, die Stärkung der Exekutive und der Justiz, erhöhte Verantwortlichkeiten für die Massenmedien, Kompetenzen des Schlichtungsrates, Verfahren zur Verfassungsänderung, selbst Vorgaben über die Zahl der Parlamentssitze im Vordergrund.

Die Kommission beendete ihre Tätigkeit am 8. Juli 1989. Zwanzig Tage später sprach sich die iranische Bevölkerung mit 97,3 Prozent Ja-Stimmen für die neue Verfassung aus.[95]

Eine der wesentlichsten Veränderungen im Text der neuen Verfassung betraf die Aufwertung des Präsidentenamtes, das jetzt mit einer Reihe tatsächlicher exekutiver Vollmachten ausgestattet wurde.[96] Chomeinī dürfte aber schon im April 1989 gewußt haben, daß eine Stärkung des Präsidenten zwangsläufig zu einer *gewissen* Einschränkung der Omnipotenz des Faqīh führen mußte. Trotzdem ließ er die entsprechenden Artikel in der neuen Verfassung passieren. Deshalb stellt sich hier eine wichtige Frage. Wenn bisher auch Argumente entkräftet werden konnten, Reformer, "Gemäßigte", Pragmatiker und Liberale hätten nur auf den Tod des Imāms gewartet, um ihre langgehegten Pläne umzusetzen, denen er zehn Jahre lang im Weg gestanden hätte, so mutet es doch nahezu unglaublich an, Chomeinī selbst habe Hand an sein Credo, die Islamische Republik unter Führung des Faqīh gelegt. Wenn nun konstatiert werden muß, daß er den Prozeß der Verfassungsänderung maßgeblich lenkte, so darf kaum noch unterstellt werden, daß er gerade die Klärung des Machtverhältnisses zwischen Faqīh und Präsident dem Selbstlauf überließ.

Aber letztlich bewies Chomeinī in dieser Frage großes *strategisches* Geschick. Die Verfassung von 1979 hatte für den Faqīh Eigenschaften vorgeschrieben, die nur durch einen Marǧaʿ at-taqlīd zu erfüllen waren. Im Grunde genommen erwiesen sich alle diesbezüglichen Bestimmungen auf die Person Chomeinīs zugeschnitten. Nach Abschluß der klerikalen Machtkonsolidierungsphase kamen jedoch erste Bedenken auf, die gerade deshalb ein bedenkliches Machtvakuum für die Zeit nach dem gegenwärtigen Faqīh voraussagten. So wurde

1982 entschieden, daß der Expertenrat noch zu Lebzeiten Chomeinīs einen Nachfolger auszuwählen habe.

Der designierte Nachfolger Chomeinīs, Āyatollāh Montāzerī, schied im März 1989 aus der Regelung aus. Viele prominente Großāyatollāhs lehnten darüber hinaus das Prinzip des Velāyat-e Faqīh gänzlich ab. Also mußte das Amt des Faqīh modifiziert werden.

Unter dem Eindruck der sozialen und ökonomischen Probleme nach dem achtjährigen 1. Golfkrieg und seiner schwindenden Gesundheit traf Chomeinī primär Vorsorge für die Konservierung seines Modells eines islamischen Staates in Iran. Um dabei möglichst wenig Raum für Mißverständnisse zu lassen, legte Chomeinī seine Auffassungen in Form eines "Letzten Willens", eines Testaments, für die Nachwelt fest. Dieses Dokument wurde nicht nur in Iran, sondern auch in der übrigen islamischen Welt in breitem Umfang diskutiert und kommentiert, da man sich weiterführende Impulse für die Ausgestaltung des "islamischen Staates" versprach.

Die Mehrheit der Analytiker kam jedoch zu dem Ergebnis, daß das Testament im wesentlichen auf eine unmittelbare Handlungsanweisung zu reduzieren ist, die den politischen Protagonisten in Iran eben jenen Weg vorschrieb, der auf eine mittelfristige Stärkung pragmatischer Elemente hinauslief.[97] Nur scheinbar konträr zu seinen bisherigen Auffassungen billigte Chomeinī darin deshalb auch die entscheidende Verfassungsänderung, die nicht länger vorschrieb, daß der Faqīh auch Marǧaʾ at-taqlīd sein müsse. Er fürchtete die Führung der Islamischen Republik durch "unpolitische" Geistliche wie z.B. die Großāyatollāhs Golpāyegānī oder Marʿašī-Naǧafī.[98]

In der kritischen Phase der Republik an der Wende zu den neunziger Jahren erschien ihm ein Gefolgsmann wie Rafsanǧānī auf einem mit erweiterten Vollmachten ausgestatteten Präsidentenstuhl aussichtsreicher zu sein, das "Staatsschiff durch schwere See zu steuern", als greise apolitische Großāyatollāhs.[99] Der Präsident bedurfte für seine gigantische Aufgabe eines Mindestmaßes an exekutiver Macht, das ihm Chomeinī unter diesen Umständen zubilligte. Das Amt des Faqīh wurde hingegen allein durch die Tatsache "politischer", daß er nicht länger zwingend die höchste theologische Instanz der Republik ausmachte. Es gilt als sicher, daß Chomeinī schon im April 1989 an Chāmeneʾī dachte, als er den Modifizierungen des Faqīh-Amtes zustimmte.[100] Gleichzeitig nutzte er auch die Gelegenheit, die Rechtsstellung des Faqīh, eindeutiger als in der Verfassung von 1979 geschehen, herauszuarbeiten.

Bislang blieb weitgehend unklar, ob der Faqīh über der Verfassung stehe, sie quasi erst durch seine Unterschrift legitimiere oder ob er an sie gebunden sei. Zu Lebzeiten Chomeinīs wagte niemand, auf diesen Widerspruch offen und wiederholt hinzuweisen. Einem Nachfolger hätte die Unklarheit aber wahrscheinlich zu schaffen gemacht.

So hob dann die Verfassung von 1989 die Macht des Faqīh als "absolut" hervor und bescheinigte ihm außerdem eindeutig die Richtlinienkompetenz in politischen Fragen. Die subtile Neuerung besteht eher darin, daß ihm der Expertenrat im allgemeinen als Beratungsgremium zur Seite gestellt wurde aber nun im besonderen mit der Befugnis ausgestatte wurde, den Faqīh mit Zweidrittelmehrheit abzuberufen.[101]

Viele Beobachter lasen aus der Verfassung von 1989 nur heraus, daß der Präsident gestärkt und der Faqīh geschwächt worden sei. Aber Paragraph 113 ordnet den Präsidenten protokollarisch hinter dem Faqīh ein und Paragraph 122 erklärt den Präsidenten dem Faqīh verantwortlich.[102] Der Faqīh verfügt weiterhin über den Oberbefehl über alle Streitkräfte Irans. Damit scheint Iran weltweit das einzige Land zu sein, in dem die Exekutive nicht über die nationale Streitmacht verfügt. Außerdem bleibt es einzigartig, daß ein gewählter Präsident von einem nichtgewählten Faqīh bestätigt werden muß bzw. entlassen werden kann.[103] Zusätzlich dazu eröffnet die neue Verfassung lediglich die *Möglichkeit*, die politischen und geistlichen Funktionsbereiche des Faqīh personal zu trennen, sie schreibt es aber nicht vor. Damit wäre es jederzeit denkbar, daß ein vom Konsens der Gläubigen getragener Āyatollāh die beiden Bereiche des Amtes auch wieder in Personalunion übernimmt - der Ursprungszustand wäre wiederhergestellt.

Die Präzisierung, weniger Neubestimmung, der Funktion des Faqīh durch Chomeinī stellt sich deshalb nun eher als taktische Meisterleistung heraus, um durch die Stärkung rationaler, berechenbarer und pragmatischer Politikelemente die Realisierung des strategischen Ziels, die Vervollkommnung der Islamischen Republik auch nach seinem Tod zu gewährleisten.

Erst mit der Sicherheit ausgestattet, den Willen des Revolutionsführers umzusetzen, konnten es die Führer der Rohanyat wagen, Hoğat-ol Eslām Chāmeneī nach dem Tod Chomeinīs die Funktion des Faqīh zu übertragen. Zwar gewöhnte sich seine Umgebung an, ihn fortan "Āyatollāh" zu titulieren, aber er wußte, daß ihm der Rang eines Marğaʿ verwehrt bleiben würde.

Immerhin erfüllte das Anfang 1989 entworfene Modell der Machtstruktur für die Zeit "nach Chomeinī" insgesamt die in es gesetzten Erwartungen. Der Machtwechsel vollzog sich ohne größere Komplikationen, Anhänger Rafsanğānīs übernahmen entscheidende Positionen in Legislative und Exekutive. In den Ministerien und staatlichen Ämtern wurden Sympathisanten der "Radikalen" sukzessive ersetzt, einige radikale "Hochburgen" (z.B. die Anğomānhāye eslāmī) sogar aufgelöst.[104] Auch der Wächterrat, faktisch das iranische Oberhaus, funktionierte in ihrem Interesse und lehnte die Übernahme entscheidender Positionen durch Gegner Rafsanğānīs ab. Der erste Fünfjahrplan Irans fand die Zustimmung des Parlaments und des Wächterrates.

Von Truppenführern während des Krieges gegen Irak immer wieder gefordert, ordnete der Präsident am 1. April 1991 auch die Zusammenführung von Armee, Paṣdārān, Polizei, Gendarmerie und den Komitees in gemeinsamen Kommandostrukturen an. Dadurch versprach er sich eine straffere staatliche Kontrolle über die bewaffneten Kräfte des Landes und ein Zurückdrängen radikaler Abenteurer. Allerdings bedeutete die Schaffung gemeinsamer Kommandostrukturen nicht die konsequente Auflösung jeglicher separater Machtzentren in den Streitkräften. Die nachrichtendienstlichen Abteilungen der Komitees wurden sogar den Pasdarān unterstellt, deren Übergewicht über die reguläre Armee erhalten blieb.[105] Rafsanğānīs Zielstellung war offensichtlich, aber möglicherweise zieht der radikale "Geist" der Komitees und der Pasdarān eher in die Polizei und in die Gendarmerie ein, als daß diese umgekehrt diszipliniert würden. Für abschließende Urteile fehlen noch die Grundlagen.

Als Resümee der in diesem Abschnitt behandelten Problematik bleibt jedenfalls festzuhalten, daß Chomeinī seine ganze Autorität daran setzte, die Realisierbarkeit seiner Staatsvision über den Tod hinaus zu erhalten. Nur er war in der Lage, die Zentren der Polarisierung auszubalancieren, nach ihm würde sich um einen der Pole unausweichlich ein Gravitationszentrum bilden. Mit dieser Einsicht gewappnet, faßte Chomeinī einen letzten "genialen" Beschluß.

Nicht seinen bevorzugten Schülern und "Jüngern", den Eiferern, bedingungslosen Visionären, den Revolutionsexporteuren und Egalitaristen galt seine finale Unterstützung, sondern rationalen Pragmatikern. Die Fortexistenz der Islamischen Republik Iran stand auf dem Spiel, jetzt waren Vernunft, Augenmaß und Machtgespür gefragt und nicht Vision und idealistische Verve. Chomeinīs "Roßkur" zeigt auch sieben Jahre nach seinem Tod noch Wirkung. Der Machtwechsel verlief verhältnismäßig unproblematisch, die Grundlagen der Islamischen Republik blieben erhalten.

Bedeutet das aber schon die Berechtigung, von einem veränderten Charakter des Staates, von einer "Zweiten Islamischen Republik" zu sprechen? Es bleibt bezeichnend, daß dieses Schlagwort ausschließlich in Publikationen des Westens auftauchte. Aber mit "der Beurteilung des nachrevolutionären Iran hat der Westen bis heute Schwierigkeiten"[106]. Dabei überwiegt eindeutig Wunschdenken: die Islamische Republik wird auf dem Weg der "Normalisierung" gesehen, wobei das letztlich auf eine Normierung nach westlichem Politik- und Gesellschaftsverständnis hinausläuft. Auf diese Weise wird jedoch geflissentlich übersehen, daß die Republik und ihre Führung nur solange legitimiert sind, wie sie sich auf den Islam und das Erbe Chomeinīs berufen.[107] Es ist zu unterstellen, daß die Unterstützung des Imām für die Kräfte um Rafsanğānī als Sicherung einer Übergangsetappe gemeint war, in der es das Überleben des Staates zu garantieren galt. In ruhigem Fahrwasser wäre die Islamische Republik Iran erneut aufgerufen, die Staatsidee des Revolutionsführers umzusetzen.

> "Bis zum Tod seines Gründers ist die Islamische Republik ein Staat gewesen, dessen hervorstechender Zug die Verwirklichung der 'reinen Lehre' gewesen ist. Auch in gelegentlich 'pragmatischen' Entscheidungen ging es nicht um Kompromisse, sondern um die Erhaltung und Förderung der Islamischen Republik als der Verkörperung eines nach dem Verständnis Khomeinis einzigartigen Ausdrucks eines 'richtigen' Islamverständnisses."[108]

Wenn nach zehn Jahren Revolution aber gewisse rationale, "normale" Elemente einziehen, muß das keinesfalls einen grundlegenden Charakterwandel bedeuten.

"Bekanntlich danken Revolutionen nicht ab, sondern sie versachlichen sich... Die raschen Entwicklungen seit dem Tod des Revolutionsführers zeigen an, daß die Zeit einfach reif war aus der ständigen ideologischen Überhitzung in die Kühle der Normalität hinüberzutreten."[109]

Die zeitliche Kongruenz dieses Wandels mit dem Tod Chomeinīs sorgte allein für die beschriebenen Mißverständnisse, dabei hatte gerade er ihn gefördert. Ohne islamische Grundlagen nach dem Verständnis des Revolutionsführers würden der jungen Republik jedoch die Fundamente entzogen. Insofern bleiben auch die Spielräume des Wandels begrenzt!

Es scheint deshalb müßig zu spekulieren, ob Rafsanğānī und seine Anhänger die einmal errungenen Machtpositionen tatsächlich für eine Neugestaltung des Selbstverständnisses der Islamischen Republik zu nutzen gedenken oder ob sie sich selbst als Werkzeug einer Übergangsperiode im Sinn des Vermächtnisses Chomeinīs begreifen und die kollektive Macht der Geistlichkeit über die neunziger Jahre hinaus zu bewahren beabsichtigen. Für letztgenannte Variante sprechen die stärkeren Argumente. "Die Grenzen seiner (Rafsanğānīs - H.F.) Möglichkeiten zur Reform des Systems ohne dessen Grundstruktur - das Machtmonopol der Geistlichkeit und ihrer Verbündeten - aufzugeben, bleiben ... offensichtlich."[110] Die Grundlagen für die Verwirklichung des islamischen Staates nach dem Entwurf Chomeinīs sind jedenfalls auch nach der Verfassungsänderung erhalten geblieben.

Außerdem gilt es auseinanderzuhalten, welche Entwicklungselemente zum natürlichen, gesetzmäßigen Verlauf aller großen Revolutionen gehören und wo gestalterische Kraft wirkt. Der Gedanke des Exportes der revolutionären Ideale begleitete z.B. sowohl die Französische Revolution von 1789 als auch die Oktoberrevolution von 1917, ehe er von der Realität eingeholt wurde, ohne notwendigerweise an visionärer Kraft zu verlieren. Ist eine Dekade nicht ein viel zu kurzer Zeitraum, um hier zu abschließenden Urteilen zu gelangen? Die Oktoberrevolution benötigte immerhin drei Jahrzehnte, ehe sie über die Staatsgrenzen der Sowjetunion hinauswuchs.

Wenn es der Regierung Rafsanğānī nicht gelingt, die gravierenden Wirtschaftsprobleme Irans in den Griff zu bekommen, könnte jegliche Spekulation über einen Charakterwandel der Islamischen Republik eher früher als später obsolet werden. Entweder nutzen dann seine innenpolitischen Gegner aus der Geistlichkeit die Gunst der Stunde oder ein Konglomerat aus seit 1979 von jeglicher Macht ausgeschlossenen Kräften fordert eine Generalabrechnung.

Der Ausgang des letztgenannten Kräftemessens würde den Charakter der Islamischen Republik Iran mit Sicherheit verändern, bis dahin bleiben abschließende Wertungen verfrüht.

Die Formierung der Gegnerschaft

Viele der sogenannten Radikalen betrachteten eine gewaltlose Machtübertragung an die von Chomeinī auserkorene Nachfolgerriege als Erfüllung des letzten Willens des verstorbenen Faqīhs. Aḥmad Chomeinī lehnte alle Anträge, in die Funktion seines Vaters zu treten, strikt ab. Rafsanğānī handelte insofern klug, als daß er die entscheidende Kabinettsumbildung unmittelbar in dieser Atmosphäre, d.h. im August 1989, durchführte. Zur gleichen Zeit besänftigte er seine Gegner durch ein demonstratives Einstimmen in die Verdammung des Schriftstellers Salman Rushdie.

Die Anğomān-e Rohanyūn nutzte hingegen ihre zwischen 1988 und 1992 beruhigende Mehrheit im Parlament, um unliebsame Entscheidungen des Präsidenten zu hintertreiben. Mehrfach bestreikten sie Parlamentssitzungen und brachten so Reformvorlagen zu Fall. Geschickt operierten sie mit Instinkten der Besitzstandswahrung Tausender Geistlicher und Laien, die durch die Revolution an Machtpositionen und Quellen materieller Bereicherung gelangt waren und nun fürchteten, zugunsten ausgebildeter Fachleute und Technokraten weichen zu müssen.[111] Nahezu jede Erklärung des Präsidenten wurde im Parlament und den der Anğomān nahestehenden Presse als "Abweichung vom revolutionären Geist und Wiederherstellung der korrupten Werte der vorrevolutionären Ära" gebrandmarkt.[112]

Besonders die Zeitung "Salām", herausgegeben vom entlassenen Generalstaatsanwalt Choʿenī, "schoß" sich auf den Präsidenten ein. Nur wenige Handlungen Rafsanğānīs blieben unkritisiert. Seien es die Versuche, auf indirektem Weg die eingefrorenen iranischen Auslandsguthaben wieder verfügbar zu machen oder Appelle an emigrierte iranische Unternehmer und Spezialisten, wieder in die Heimat zurückzukehren. (Unmittelbar Anlaß dazu gab eine Anfang Mai 1991 in New York durchgeführte Konferenz unter Leitung des iranischen Finanzministers und des Zentralbankchefs, an der 800 iranische Geschäftsleute teilnahmen. Auch die ca. 13 000 in den USA und in Europa praktizierenden Ärzte hatten Einladungen zur Rückkehr erhalten.)

"Kinder der Revolution", klagte ein Leitartikel in "Salām", "wir sind uns der Schwierigkeiten bewußt. Aber wir sind nicht bereit, eine Versöhnung mit Washington zu tolerieren oder die Werte der islamischen Revolution für den Wiederaufbau zu opfern"[113]. Der politische Druck auf den Präsidenten wurde im ersten Halbjahr 1991 so übermächtig, daß er Chāmeneʾī um seine Entlassung bat. Dieser lehnte das Ansinnen sofort ab. Knapp zwei Jahre nach seiner Einsetzung war dem neuen Faqīh die Ambivalenz seines modifizierten Amtes deutlich bewußt geworden.

Chomeinī hatte in Personaleinheit von politischem und religiösem Führer die Position des Faqīh aus der direkten Tagespolitik herausgehalten. Bis zu seinem Tod war es ihm gelungen, daß sich im Zusammenhang mit den zahlreichen Problemen, Schwächen und Miseren der Islamischen Republik nie direkte Kritik an die Adresse des Faqīh erhoben hatte. Chāmeneʾī auf die politischen

Aspekte des Amtes reduziert, sah zunächst keine andere Alternative, als einen starken "politischen" Präsidenten zu unterstützen. Im November 1991 hatten immerhin 120 Parlamentsabgeordnete eine Resolution unterzeichnet, die Āyatollāh Montāzerī als Faqīh forderten, da nur er über das notwendige theologische Rüstzeug verfüge.[114] Rafsanǧānī kam also nicht umhin, den Kampf fortzusetzen, der an Schärfe weiter zunahm.

An den Randzonen der Geistlichkeit bildeten sich terroristische Splittergruppen, die sich an den klerikalen Grundkonsens nicht mehr gebunden fühlten. Die 1940 gegründete Organisation der Fedāyīn-e Eslām erfuhr eine Revitalisierung und avancierte zum Sammelbecken gewaltbereiter geistlicher Regimegegner. Brandstiftung im Teheraner Basar mit Millionenschäden kamen ebenso auf ihr Konto wie Sabotage an Raffinerieanlagen und Produktionsstätten. Die Fedāyīn-e Eslām übernahmen auch die Verantwortung für die Ermordung von vier heimgekehrten Geschäftsleuten im Juli 1991 und verkündeten auf Flugblättern, daß Rafsanǧānī an der Spitze ihrer "Todesliste" stünde.[115]

Es half dem Präsidenten ungemein, daß die Mehrheit der iranischen Bevölkerung nach acht Jahren Krieg mit Irak an einer Normalisierung ihrer Lebensumstände interessiert war und den innenpolitischen Terror ablehnte. Die Parlamentswahlen vom Mai 1992 bescherten den Gegnern des Präsidenten - zu recht oder nicht mit dem Terror in Verbindung gebracht - deshalb auch die bereits erwähnte Niederlage. Gestützt auf das Wahlergebnis ging Rafsanǧānī nun seinerseits mit Brachialgewalt gegen die geistliche Opposition vor. Die Zeitung "Salām" wurde gemaßregelt, mehrere Razzien füllten die Gefängnisse mit tatsächlichen oder vermeintlichen Anhängern der Fedāyīn-e Eslām. Trotzdem ebbte der Untergrundterror auch danach nicht gänzlich ab. Am 20. Juni 1994 forderte ein Bombenanschlag im Schrein Imām Reḍā's in Mašhad 70 Tote auch in der Makkī Moschee von Zāhedān explodierte eine Bombe. Die Regierung beeilte sich, die Anschläge mit den exilierten Moǧāhedīn-e chalq in Verbindung zu bringen, Bekennerschreiben wiesen aber auf einen klerikalen, möglicherweise sunnitischen Untergrund.[116]

Ein weitaus größeres Problem erwuchs dem Präsidenten allerdings aus der Unfähigkeit der Regierung, die jahrelang aufgestauten Erwartungen jener Bevölkerungsteile zu befriedigen, zu deren Nutzen die Revolution stetig propagiert worden war - der Mostaz'afīn, der Unterdrückten. Schon unmittelbar nach dem grandiosen Sieg bei den Parlamentswahlen von 1992 erhob sich in Arak, Isfahān, Tabrīz, Mašhad und Būkān eine nach Zehntausenden zählende Bevölkerung, um gegen Inflation, Arbeitsplatzverlust und ständig sinkenden Lebensstandard zu protestieren.[117] In Šīrāz gingen die Unruhen sogar mehrheitlich von Kriegsinvaliden aus[118], aufgebrachte Bürger plünderten Banken und Wechselstuben, in denen sie - mangels besseren Wissens - die Hauptursache ihrer Misere ausmachten[119]. Innerhalb weniger Monate war die Stimmung umgeschlagen. Nicht daß der Präsident nun jegliche Unterstützung verlor, aber sein Wirken wurde weitaus kritischer beurteilt als zwischen 1989 und 1992, seine Gegner fanden wieder stärker Gehör. Die neue Lage zeigte sich zu den Präsidentschaftswahlen 1993. Obwohl Hašemī Rafsanğānī am 11. Juni 1993 als Präsident wiedergewählt wurde, ging er aus dem Votum doch mit einigen Blessuren hervor. Nachdem 1989 noch 95,9 Prozent der Wahlberechtigten für ihn gestimmt hatten, entschlossen sich bei diesem Wahlgang nur 63,2 Prozent für den Präsidenten. Dabei hatte die Wahlbeteiligung bei bloßen 56 Prozent gelegen, also hatten nur etwa 37 Prozent aller Wahlberechtigten für den Präsidenten gestimmt.[120]

Auch die Kette blutiger Unruhen riß nicht ab. Ein vorläufiger Höhepunkt wurde am 3. und 4. August 1994 in Qazvīn erreicht, als 30 000 aufgebrachte Bürger für eine eigenständige Provinz und gegen den Verbleib in der Provinz Zanğān votierten. Im Hintergrund schwelte dabei die Hoffnung, als eigenständige Provinz höhere Fördergelder auf direkterem Weg zu erhalten, um die teilweise menschenunwürdigen Lebensverhältnisse in der Stadt wirkungsvoller bekämpfen zu können. Innenminister Bešāratī wies den Befehlshaber der in der Stadt stationierten 16. Division, General Šahbāzī, an, die Unruhen niederzuschlagen. Der General verweigerte den Befehl und berief sich dabei auf die Befehlshoheit des Oberkommandierenden, Faqīh Chāmeneʿīs. Der Chef der ideologischen Abteilung der Armee, Hoğat-ol Eslām Ġolāmreḍā' ʿAlī Ṣāfaye, beantragte daraufhin die sofortige Degradierung des Generals wegen "unislamischen Verhaltens", er wurde aber durch Chāmeneʿī gestoppt. Im Obersten Verteidigungsrat setzte sich Chāmeneʿī gegen Rafsanğānī durch, dessen Innenminister den auslösenden Befehl erst erteilt hatte. Aus Furcht vor offensichtlichen Parallelen zum Einsatz der Armee 1978/79 erging die Weisung an die regulären Soldaten, in den Kasernen zu bleiben. Polizei und Bonyād-e Basīğ (Freiwilligenstiftung) schlugen den Aufstand schließlich nieder[121], am Ende waren 20 Tote und mehr als 100 Verletzte zu beklagen[122].

Die Auseinandersetzung im Obersten Verteidigungsrat sollte symptomatisch für das weitere Verhältnis zwischen Präsident und Faqīh werden. Chāmeneʿī rückte immer stärker von Rafsanğānī ab und neigte dessen Gegnern zu. Anstandslos bestätigte er die Entlassung des Präsidentenneffen als Chef des einflußreichen staatlichen Fernsehens, auf die Verweigerung des Verbleibs namhafter Präsidentenanhänger in der Regierung wurde schon verwiesen.[123]

Interessanterweise - wenn auch für Rafsanğānī von gleich negativer Wirkung - gewährte der Faqīh seltener den Anhängern der Anğomān-e Rohanyūn seine Gunst, sondern eher den konservativen Gegenspielern des Präsidenten um die Basargroßhändler und die Resālat-Gruppe. Triumphierend meldete deren gleichnamige Zeitung, daß sogar die Führung der Anğomān-e Rohanyat, die bis dahin als Rückhalt des Präsidenten galt, diesem Bedingungen für die weitere Unterstützung diktiert habe. So dürfe er in Zukunft nur noch Minister mit erwiesener antiwestlicher Haltung ernennen, der neue Fünfjahrplan müsse "den Geist der Revolution atmen" und den Schwerpunkt auf die kulturelle

Entwicklung legen, um islamfeindlichen Einflüssen besser begegnen zu können. Die Revolution dürfe nicht für Fortschritt und Entwicklung geopfert werden.[124]

Auch Parlamentssprecher Nāteq Nūrī, dessen Amtsübernahme 1992 noch als Sieg des Präsidenten galt, ging seit den Wahlen spürbar auf Distanz zu Rafsanğānī. Er folgt damit nur der Mehrheit seiner Abgeordneten, die keinesfalls mit der wirtschaftlichen Unfähigkeit der Regierung in Verbindung gebracht werden wollen. In einem Interview erklärte Nūrī u.a.:

> "Der Westen teilt uns in Gemäßigte und Radikale ein und wertete den 4. Maǧles als Sieg für die Gemäßigten. Aber schon unsere ersten Sitzungen haben gezeigt, daß wir fest zu den Idealen Imām Chomeinīs stehen und uns gegen Amerika und Salman Rushdie einig sind."[125]

So kann der Kampf des Präsidenten mit seinen innenpolitischen Gegnern weiterhin nicht als entschieden gelten.

Indem er sich deren Kampfmethoden aufzwingen ließ, gestattete er auch Zweifel an seiner Souveränität. Trotz der Verfassungsänderung existieren in Iran weiterhin zahlreiche unabhängige Machtzentren, die in ihr nicht vorgesehen sind. In der Summenbildung dieser Machtzentren kann der Präsident bestenfalls eine Pattsituation verbuchen.

Die Ergebnisse des Richtungskampfes

Die bis Mitte der neunziger Jahre entstandene Pattsituation innerhalb des politischen Regimes der Islamischen Republik Iran bewirkte de facto eine gegenseitige Lähmung seiner verschiedenen Flügel. Zusammen mit den wachsenden wirtschaftlichen Problemen entwickelte sich eine Lage, in der die Stabilität der Republik ernsthaft in Frage gestellt scheint.

Krisen begleiteten die iranische Revolution seit ihrem Beginn, teilweise sogar - für sich genommen - tiefere als die gegenwärtige: Putsche, Bürgerkrieg in den Provinzen, internationale Blockaden und nicht zuletzt der Krieg mit Irak. Sie traten aber gehäuft in der ersten Jahren der Revolution auf, bewältigt von einer enthusiastischen Bevölkerungsmehrheit, mit einer charismatischen, von Vertrauen getragenen Führungspersönlichkeit an der Spitze. Nach mehr als einem Dutzend Jahren revolutionärer Unwägbarkeiten und dem Ableben des Revolutionsführers darf auf diese Faktoren allein aber unterdessen nicht länger gezählt werden.

Selbst leichtgewichtigere Krisensymptome können jetzt die Stabilität Irans schwer beeinträchtigen, wenn ein Teil der Bevölkerung mit seiner Geduld am Ende ist und aktiv eine Verbesserung seiner Lage einfordert, ein anderer Teil in Apathie versinkt und sich aus dem gesellschaftlichen und politischen Leben nahezu vollständig zurückzieht und zudem jegliche Lösungsimpulse aus der Führung der gegenseitigen Blockierung zum Opfer fallen. Es bedürfte einer umgehenden erneuten politischen Mobilisierung der aktivsten und kreativsten

Kräfte der Bevölkerung, um sich der wachsenden Problemlast beherzt anzunehmen.

Eine Minderheit von Iranexperten vertritt die Meinung, Iran habe bereits ein System hervorgebracht, das in der Lage sei, den politischen Willen der Bevölkerung nutzbringend zu kanalisieren. Das Regime habe den Populismus als geeignete Herrschaftsmethode für sich entdeckt und diesen durch Nuancen bereichert, die zu der Bezeichnung "islamischer Populismus" berechtigten.[126] Ein undifferenziert dargestelltes "Volk" werde durch eine überragende Führungspersönlichkeit gelenkt, Appelle des Miteinanders richteten sich nicht speziell an bestimmte Klassen oder Schichten, sondern allgemein an den "kleinen Mann", in Iran den Mostaz'af.

Mehrheitlich entstammten Führer populistischer Regimes dem Kleinbürgertum, aber die Gesamtbewegung umfasse mehrere Klassen und Schichten.

"This does not mean that populism is a classless movement, but rather that it is multiclass ... populist leaders substitute controlled mobilization from above for genuine democratic participation from below, they tend to be authoritarian, but gifted with personal charisma. To the extent that their charisma is dependent on a renewal of a mandate from the masses, they must allow formal public participation..."[127]

Deshalb fänden in Iran regelmäßig Wahlen statt, bei denen sogar pluralistische Formen zu entdecken seien. Grundsätzlich konkurrierten mehrere Kandidaten mit unterschiedlichen politischen Auffassungen um die entsprechenden Wahlfunktionen. Die Debatten im Parlament seien durchweg lebhaft und oft kontrovers, sie würden im Fernsehen landesweit übertragen und durch eine vielfältige und kämpferische Presse ergänzt. Keine einzelne Person oder Familie dominiere die Politik, insgesamt sei Iran damit weit entwickelter als etwa die Nachbarstaaten auf der arabischen Halbinsel.[128]

Grenzen der politischen Freiheit wären so nur durch das Herrschaftsprinzip des Velāyat-e Faqīh und die darin implizierten Verhaltensnormen gesetzt.

"Iranians who refrain from transgressing the limits of acceptable behavior have considerable opportunities to participate in political activities. They may vote, work in political campaigns, run for elective office, serve on boards and commissions that regulate the distribution of government services and utilities, petition local and national officials for redress of grievances, and criticize government policies."[129]

Die Mehrheit der Experten legt allerdings andere Maßstäbe an. Die relativ entwickelten Wahlprozeduren in Iran dürften nicht mit politischer Freiheit verwechselt werden. Dagegen spreche schon die Tatsache, daß die iranische Verfassung zwar - ähnlich wie auch andere Verfassungen - Rechte für die Staatsbürger definiere, diese aber nur innerhalb der islamischen Standards in Anspruch genommen werden dürften.[130] Die Standards würden aber durch den nicht gewählten Faqīh gesetzt.

"The Islamic republic is a contradictory phenomenon in both theory and practice. It cannot remain a republic anymore in the presence of velayat-e faqih and its imposing concept of guardianship..."[131]

Neben den substantiellen Einschränkungen durch die Herrschaft des Faqīh müsse nach Meinung der Expertenmehrheit auch beachtet werden, daß am wahlbestimmten politischen Leben in Iran nur ein verschwindend kleiner Teil der Bevölkerung gestaltend teilnehme. Innerhalb eines begrenzten Kreises von formellen und informellen Institutionen, Regierung, Parlament, Räte, Stiftungen, Moscheen, revolutionäre Organisationen, finde Politik statt - außerhalb davon hingegen praktisch nicht.[132]

Neben den Gemeinsamkeiten in diesen Expertenmeinungen treten jedoch große Unterschiede zutage, wenn das politische System Irans definiert werden soll. So reichen die Einschätzungen von einer "traditional patriarchy ... wedded to the powerful state apparatus imported from Europe, and in the hands of petty bourgeois Muslim fundamentalists..."[133] über ein System "elective in appearance but aristomonarchical in substance"[134], eine Oligarchie[135], bis hin zu einem "Theologenstaat, der sich den Deckmantel der westlichen Staatsform einer Republik übergeworfen hat"[136]. Mit diesen Beispielen ist die Vielfalt der Stellungnahmen bei weitem nicht abgedeckt.

Von Fred Halliday stammt eine prägnante Definition, die mehrere der o.g. Einschätzungen inhaltlich einschließt: "The Islamic Republic of Iran remains an anomaly amidst revolutionary regimes, a pluralistic dictatorship, but a dictatorship none the less."[137]

Aus alledem leitet sich die berechtigte Frage ab, ob das bis Mitte der neunziger Jahre entstandene politische System Irans in der Lage bleibt, trotz gewandelter Rahmenbedingungen und neuer Herausforderungen auf dem Status quo zu verharren, oder ob es nicht umhinkommen wird, sich für Prozesse wie Partizipation und Demokratisierung zu öffnen.

Politische Liberalisierung - Potenzen und Grenzen

Ausgangsbedingungen

Der Sieg der iranischen Revolution von 1978/79 schien zunächst ein System zu begünstigen, in dem die erfolgreichen iranischen Revolutionäre in der Lage wären, ihre politische Zukunft selbst zu gestalten. Der Sturz des Schahs war letztlich nur durch eine Massenrevolution möglich geworden, d.h. die übergroße Mehrheit des iranischen Volkes hatte sich gegen ein System des Zentralismus, der Autokratie und der Unmündigkeit aufgelehnt und stand nun für die jeweilige Alternative dazu: Dezentralisierung, Demokratie und freie Selbstbestimmung. Diese Grundströmung besaß eine solche Macht, daß sie selbst im Verlauf der Monopolisierung der Revolution durch bestimmte geistliche Kräfte nicht gänzlich zu ignorieren war. Sie fand schließlich ihren Niederschlag

insbesondere in den Verfassungen von 1979 und 1989. Beide sichern das Wahlrecht des Bürgers, erlauben Widerspruch, regeln politische Rechte für Individuen und Körperschaften, garantieren Pressevielfalt und legen außerdem soziale Grundrechte fest.[138]
Vor allem das Wahlrecht nimmt innerhalb dieses Rechtskanons eine hervorgehobene Stellung ein. Gewählt werden nicht nur Repräsentanten auf Gemeinde-, Stadt-, Distrikts- und Provinzebene (Art. 100), sondern auch das mit erheblichen Vollmachten ausgestattete Parlament (Zwei-Stufen-Wahl)[139] und der Präsident (Art. 61)[140]. Die Wahlmündigkeit liegt dabei schon bei einem Lebensalter von 15 Jahren,[141] bedeutend für ein Land mit einer überwiegend jugendlichen Bevölkerung. Den unverändert hohen Stellenwert des Wahlrechts beweist außerdem die Tatsache, daß in Iran im Abstand von zehn Jahren ein Zensus mit dem Ziel stattfindet, die Wahlbezirke stets der tatsächlichen Bevölkerungsverteilung anzupassen. Für jeweils 150 000 Wahlberechtigte zieht ein Delegierter in das Parlament ein. So besteht Teheran aus 37 Wahlbezirken, während z.B. Ilam nur zwei Parlamentarier stellt. Ethnische und religiöse Minderheiten (Zoroastrier, Juden, Assyrer, Armenier u.a.) genießen davon abweichende Sonderregeln, die ihre Repräsentanz auch bei Nichterfüllung der quantitativen Vorgaben sichert. Seit 1992 ist Iran auf dieser Grundlage in 24 Provinzen und 196 Wahlbezirke unterteilt.[142]

Das Erbe dieser Grundströmung wirkt somit bis in die Gegenwart nach, auch wenn sich letztlich nur die Hoffnungen eines kleinen Teils des politischen Spektrums der Revolutionäre auf eine aktive Gestaltung der Islamischen Republik Iran erfüllten. Die in den vorherigen Abschnitten bereits genannten substantiellen Einschränkungen in der freien politischen Willensbildung kamen erst in dem Maße zum Tragen, wie maßgebliche Fraktionen der Geistlichkeit die zunächst sozial und politisch außerordentlich heterogene revolutionäre Bewegung zu dominieren begannen.

In den Jahren 1979 und 1980 existierte in der jungen Republik tatsächlich noch ein beträchtliches Maß an Basisdemokratie. Gewählte Räte und Komitees regelten allenthalben das politische und gesellschaftliche Leben. Einen besonderen Stellenwert nahmen dabei für mehrere Monate Arbeiterräte ein, die in Betrieben aller Größen die Aufsicht übernahmen und Leiter wählten.[143] Es entstand kurzzeitig eine lebendige Demokratie, die notwendige Einschränkungen erfuhr, als Privatunternehmer wieder in ihre Rechte eingesetzt wurden, aber gänzlich abhanden kam, als die Stiftungen die Großbetriebe des Schahregimes übernahmen.

Der Abbau demokratischer Mitbestimmung in der Wirtschaft geriet dabei nur zum Teil eines das gesamte Land umfassenden politischen Prozesses. 1979 und 1980 schienen der Islamischen Republik noch mehrere Entwicklungswege offen. Die damals noch außerordentlich einflußreiche iranische Freiheitsbewegung (schließlich hatte sie mit Petitionen an den Schah im Herbst 1977 die revolutionäre Atmosphäre in Iran begründet, stellte ihr Führer, Mehdī

Bāzārgān den ersten Ministerpräsidenten der Islamischen Republik Iran) stand
- unterstützt von namhaften Geistlichen wie den Āyatollāhs Tāleqānī und
Šarī'atmadārī - für eine Trennung von religiösem Bekenntnis und Politik. Ihr
Credo bestand in religiöser Aufklärung und nicht in religiöser Monopolisierung
der Politik. Wenn die Rechtmäßigkeit aller Gesetze vom Verdikt eines Geistlichen abhängt, argumentierten sie, dann bleibt kein Raum für Demokratie und
Gewaltenteilung.[144]

Bekanntlich setzte sich die Staatsidee Āyatollāh Chomeinīs durch und damit
auch die Herrschaft des Rechtsgelehrten, der - ungewählt - alle demokratischen
Bestimmungen der Verfassung(en) außer Kraft zu setzen vermag.

> "Although it is meant to be the government for the people, it is certainly
> not government by the people. Khomeini himself is explicit on this point
> when he maintains, 'the governance of the faqih is a rational and extrinsic
> matter; it exists only as a type of appointment, like the appointment of a
> guardian for a minor'. In other words, according to Khomeini, the governance of the umma under Islamic government follows the guardianship of
> an appointed faqih over a minor ... and/or imbecile ..., who, in both cases,
> are incabable of managing their own affairs."[145]

Eine Kulturrevolution brachte das geistige Leben, vor allem das Bildungswesen,
ab 1981 auf den vom Faqīh intendierten islamischen Kurs; 1985 erlegte ein
Zensurgesetz der Presse- und Buchpublikation strikte Verhaltensnormen auf;
im August 1988 veröffentlichte der "Hohe Rat der Kulturrevolution" eine
weitere Liste mit Publikationstabus.[146]

Ähnlich konsequente Aufmerksamkeit und Kontrolle wie Kultur und Geistesleben fand im Prozeß der Islamisierung des Staates nur noch das Problem
des Umgangs mit der Kategorie "politische Partei". Parteien waren als politische Kategorie von der ansonsten sehr weitgehenden Bereitschaft der iranischen Revolutionsführung, Elemente moderner Staatswesen zu übernehmen, de
facto ausgeschlossen. Dem lagen im wesentlichen zwei Faktoren zugrunde.

Zum ersten galt gerade die pluralistische Parteiendemokratie als archetypisch für das westliche System, der Sturz des "westvergifteten" Schahregimes
wurde als Chance und Verpflichtung gewertet, Alternativen zum Erfolg zu
verhelfen. Da die Revolutionsführung aber andererseits bereit war, ähnlich
westliche Elemente wie Verfassung, Wahlen und parlamentarisches System in
die Islamische Republik zu übernehmen, mußte die Zurückweisung von Parteien auf tieferen Ursachen fußen.

Diese finden sich zum zweiten in dem Staatsideal Chomeinīs, d.h. des
Lebens der ʿumma im Zustand der tovhīd, der Einheit. Parteien mit ihrem
"Gezänk" waren seiner Meinung nach lediglich dazu angetan, diesem Ziel
entgegenzustehen.[147] Āyatollāh Chomeinī dazu:

> "Parteien sind für unsere Politik irrelevant. Parteien können weder absolute Redlichkeit sichern noch die Möglichkeit des politischen Scheiterns
> verhindern. Wahlen müssen im Interesse der Muslime und nicht zugun-

sten irgendeiner Partei durchgeführt werden. Bei Wahlen geht es um die Auswahl von Individuen mit gutem Charakter, absolutem Glauben an den Islam, Verständnis des Islam und der Interessen des Landes ... das ist alles, was zählt."[148]

Trotzdem ließ sich die generelle Ablehnung des Parteiensystems, ähnlich wie im Fall anderer Zielstellungen der Velāyat-e Faqīh, unter dem Zwang realer Staatlichkeit nicht aufrechterhalten. Schon die 1979 gegründete Islamisch Republikanische Partei (IRP) lief der Grundidee des Faqīh zuwider, war allerdings im Prozeß der Machtmonopolisierung durch die Geistlichkeit unentbehrlich. Als die IRP jedoch ab Mitte der achtziger Jahre aus einem Instrument klerikaler Machtmonopolisierung zu einem Hort eigener politischer Dominanz mutierte, schlug Chomeinī eine neue Volte. Jegliche Machtkonzentration unterhalb der Ebene des Faqīh, die das fragile Kräftegleichgewicht, das er moderierte und ausbalancierte, zu stören drohte, wurde von ihm nachdrücklich hintertrieben. Folgerichtig verbot er die IRP 1987.

Seinem Credo scheinbar zuwiderhandelnd, aber politisch sehr pragmatisch denkend, zog er sich auf das Niveau der Lizenzierung einzelner politischer Organisationen und "Parteien" zurück, die die Verfassung Irans im Grundsatz immer gestattet hatte. Viele Gruppierungen nahmen daraufhin ihr Wirken auf bzw. traten aus dem Schatten der IRP heraus.

Analog zur Bestätigung von Parlamentariern durch den Wächterrat waren auch die politischen Organisationen gehalten, ihre Zielvorstellungen vor der Lizenzierung offenzulegen. Jede Partei, die aus der Sicht der Staatsführung verdächtig war, ihre Absichten nicht im wesentlichen mitzutragen, besaß damit keine reale Chance auf Zulassung. Die Regierung vermied allerdings - wenn möglich - klare Verbote, sondern bevorzugte das Ausspielen einer gesetzlichen Grauzone.

Parlamentspräsident Nāteq Nūrī erklärte z.B. in einem Interview, daß während seiner Amtszeit als Innenminister 1982 ein Gesetz verabschiedet worden sei, welches die Bedingungen für eine Zulassung als Partei regele. Das Gesetz habe auch die Bildung einer Körperschaft vorgesehen, die die jeweiligen Anträge zu prüfen habe. Nach der Zulassung hätten die Parteien allerdings frei agieren können. Seiner Kenntnis nach sei das betreffende Gesetz auch vom Parlament ratifiziert worden. Die interviewende Zeitung (Kayhān) ergänzte, aus verschiedenen (allerdings nicht genannten) Gründen habe das Gesetz trotzdem keine volle Gültigkeit erlangt. Das habe das Entstehen einer Parteienlandschaft, zumindest auf dem Niveau Pakistans oder Ägyptens, verhindert.[149]

Nūrīs gegenwärtiger Nachfolger im Amt des Innenministers, Bešārati, beteuerte hingegen vollmundig, sein Ministerium sei bereit, jeder politischen Gruppe eine Lizenz auszustellen, die garantiere, auf der Grundlage der Verfassung Irans zu wirken. Als Beispiele erfolgreicher "Partei"zulassung nannte er in dem Zusammenhang u.a. die Gamʿeye Rohanyat, die "Islamische Union der Ingenieure" unter Ḥasan Qafūrīfard, die "Islamische Koalitionsgesellschaft" unter Habībollāh Asgarovlādī und die "Zainabgesellschaft", eine Gruppe weiblicher Parlamentarier unter Führung einer Tochter Chomeinīs.[150] Im Mai 1995 ergänzte der Innenminister, daß in Iran 80 politische Parteien registriert seien und bekräftigte nochmals, daß sie im Rahmen der Verfassung völlige Rede- und Aktionsfreiheit genössen.[151]

Schon diese kurzen Wortmeldungen zeigen hingegen zweierlei: der Begriff "Partei" wird außerordentlich großzügig ausgelegt. Es handelt sich bei den Lizenzierten faktisch nicht um politische Parteien, sondern eher um Verbände und Berufsvereinigungen. Zweitens scheint die Elle der Verfassungstreue - entgegen der Verlautbarungen - nicht einziger Maßstab für die Zulassung zu sein. Die strenge Kontrolle auf Interessenkompatibilität mit dem gegenwärtigen Regime vor einer Legalisierung verhinderte bisher erfolgreich, daß beispielsweise die Nehzat-e Āzādī offiziellen Status erhielt, obwohl sie ihre Verfassungstreue beteuert.[152] Von Parteienpluralität als erprobter Form politischer Partizipation ist Iran also noch weit entfernt.

Die grundsätzlichen Grenzen und Einschränkungen für die freie politische Betätigung und Meinungsäußerung blieben auch nach dem Tod Chomeinīs erhalten. Es drängt sich damit die Frage auf, ob eine Beibehaltung des islamischen Charakters der iranischen Republik demokratische Prozesse auf Dauer verhindert bzw. ob und inwieweit sich Islam und Demokratie inkompatibel gegenüberstehen.

Islam und Demokratie

Mit den demokratischen Umbrüchen in Osteuropa an der Schwelle zu den neunziger Jahren bekam auch die Frage der Demokratisierung in islamischen Ländern neues Gewicht. Der fast zeitgleiche Sieg der Alliierten im 2. Golfkrieg verhalf der Frage zu zusätzlicher Brisanz, ging er doch einher mit amerikanischen Entwürfen einer Neuen Weltordnung, inklusive der Vision der Demokratie als dominierender globaler Herrschaftsform.

Verständlicherweise wandten sich daher Forschergruppen in aller Welt dem Problem des Verhältnisses zwischen Islam und Demokratie zu und legten eine Fülle von Analysen vor. Die Frage interessierte allerdings nicht nur Außenstehende. Auch in den islamischen Ländern ergriff der "Bazillus" der Demokratie breite Teile der politisch emanzipierten Bevölkerungsschichten und ging in die innerislamische Debatte ein.

Die relevante Literatur geriet indessen so umfangreich, daß an dieser Stelle nur - exkursartig - einige Elemente aufgegriffen werden sollen.

In der westlichen Publizistik über das Thema gewann seit dem Erstarken des Islamismus wieder eine - scheinbar überwunden geglaubte - Denkrichtung Raum, die Islam und Demokratie generell für unvereinbar hält. Diese Schule blickt auf eine lange Tradition zurück, nicht zufällig fand sie im Kolonialismus einen günstigen geistigen Nährboden. Schon 1908 schrieb Lord Cromer, der britische Resident in Kairo in seinem Essay "The governmant of Subject Races": Muslime haben eine tiefverwurzelte Feindschaft gegenüber der Demokratie. Lassen sie uns nicht einen Moment lang glauben, daß die fatal simple Idee der despotischen Herrschaft jemals den Weg freigeben wird für die komplexere Konzeption einer geordneten Freiheit.[153]

Diese Auffassung zieht sich wie ein roter Faden bis in die Gegenwart und endet bei Huntingtons "unvermeidlichem Zusammenstoß der Zivilisationen". Der Harvard-Gelehrte rügt vor allem, daß die *šarīʿa* eine Verfassung ersetzen soll und die religiöse Doktrin, d.h. die Souveränität Gottes die Souveränität des Volkes ersetzt. Damit würde der Demokratie jegliche Grundlage entzogen.[154] Andere Wissenschaftler zielen in eine ähnliche Richtung wie Huntington und machen insbesondere kulturelle Unterschiede für die Inkompatibilität verantwortlich.

Der Historiker George Kennan erklärte z.B., daß eine grundsätzlich antidemokratische Kultur die Verbreitung demokratischer Verhaltensweisen behindert und demokratischen Institutionen jegliche Legitimität versagt. Demokratie sei für nichtwestliche Gesellschaften kaum geeignet.[155] Dariush Shayeghan ergänzte:

> "Before there could be democracy there had first to be a secularization of minds and institutions; the individual as such had to be autonomous subject by right, and not an anonymous soul dissolved in the gelatinous mass of the ʿumma..., the law had to have a contractual basis; and, finally, the imperious legitimacy of national sovereignty had to take precedence over coercive repression of dictators or the less stifling tyranny of religious authorities. Democracy is the child of the Enlightenment. And the Enlightenment is the apotheosis of the age of criticism: that is to say, coldly objective criticism of dogmatic truths."[156]

Für sich genommen, kann derartigen Argumentationsketten kaum Plausibilität abgesprochen werden. Ihr entscheidendes Manko liegt wohl darin, daß sie *den* Islam als monolithisches Ganzes begreifen und ihn *dem* aufgeklärten Westen als Ganzem gegenüberstellen. Die außerordentliche Vielgestalt beider Kategorien bedingt aber im Gegenteil, daß Summarisierungsversuche in Ungenauigkeiten, Halbwahrheiten, zumindest aber in unvollständigen Urteilen enden.

Interessanterweise verfügt aber die pauschalisierende Sicht einiger westlicher Wissenschaftler auf die islamische Religion über ein komplementäres Gegenstück auf islamischer Seite. Es hat den Anschein, als bedingten sie einander, als versorgten sie sich - bewußt oder unbewußt - mit Schlüsselargumenten zur Diskriminierung des Gegenüber.

Vor allem im islamistisch-fundamentalistischen Lager beharren Wortführer auf der generellen Unvereinbarkeit westlicher und islamischer Wertvorstellungen. Muhammad Asad legte schon 1961 jeder wahrhaft islamischen Gemeinschaft die Pflicht auf, Gottes Willen als höchstes Gebot und Ziel zu begreifen. Dazu bedürfe es der Einhaltung absoluter moralischer Prinzipien durch die Muslime. Eine islamische Gemeinschaft könne deshalb per definitionem nicht säkularistisch sein. Koran und Sunna hätten diese Prinzipien allgemeingültig und abschließend definiert, sie müßten daher nur noch zu alleinigen Grundgesetzen jedes islamischen Staates werden.[157]

Genug Argumente also für Kritiker, die gerade in dieser Zielsetzung die Basis für das Beharren des Islam in einer antiliberalen und antiindividualistischen Kultur ausmachen. Der islamische Exklusivitätsanspruch verhindere das Entstehen eines liberalen Kultur- und Zivilisationsempfindens, in dem unterschiedliche geistige und politische Strömungen um Wahrheit und Anhängerschaft wetteifern. Kritik, Bewertung nach Leistung und mögliche Abwahl inkompetenter Führer blieben weitgehend Fremdwörter. Einfache Muslime sähen sich primär an ihren hierarchischen Platz in der Gemeinde gestellt und könnten kaum Fähigkeiten als *citoyen*, als politisch mündige Bürger entwickeln.[158]

Die von einigen islamistischen Wortführern attestierte Unvereinbarkeit westlicher und islamischer Werte erstreckt sich auch auf das Problem der Demokratie. Von Šaiḥ Šaʿbān, dem Chef der libanesischen Ḥarakat al-tawḥīd al-islāmī sind die Worte überliefert: "Wir fordern nicht die Hälfte der Parlamentssitze, wir wollen kein Parlament, da die Demokratie eine unislamische Regierungsform ist."[159] Selbst die durch Wahlen mächtig gewordene FIS beherbergt in ihren Reihen Theologen wie Šaiḥ ʿAlī ʿAbd al-Qadīr Muġnī, die die Demokratie trotzdem als wünschenswerte Perspektive ablehnen.[160]

Sicherlich darf angenommen werden, daß die Ursachen für die vehemente Ablehnung vielfältiger Natur sind. Neben Verteidigern kaum verschleierter autokratisch-hierarchischer Herrschaftsstrukturen wirken in diesem Lager aber auch Theologen, die in einer bestimmten Tradition islamischer Wissenschaft gefangen sind: die von der klassischen griechischen Philosophie (Aristoteles, Plato) übernommene ambivalente Haltung gegenüber der Demokratie. Aus den Erfahrungen der griechischen Polis heraus war Demokratie häufig als minderwertige Regierungsform beschrieben worden, in der die Massen zügellos ihren niederen Leidenschaften und Begierden folgten und unbegrenzte Macht forderten. Für die besonders rechtsbewußten Muslime mußte sich Demokratie daher als chaotische Despotie darstellen, nicht besser, sondern häufig schlechter als persönliche Despotie.[161] Ghassan Salame schrieb zu diesem Problem:

> "In the islamic tradition, more specifically, the opposition between order and chaos, state authority and civil war is stated vividly and continuously, as if there could not be an interstice between these two extremes. Who does not recall Ibn Taymiyyah's preference for a tyrant for a year rather than a single night without a ruler?"[162]

Ein anderer Vorbehalt gegen die Demokratie nährt sich aus der Gewißheit über die Ungleichheit der Menschen. Eine der Grundvoraussetzungen von funktionierender Demokratie, die Gleichheit aller Bürger, wurde und wird von führenden islamischen Geistlichen nach wie vor negiert. Šaiḥ Fadlallah Nūrī, ein geistiger Führer der iranischen konstitutionellen Revolution (1905-1911) bemerkte:

"Die Gleichheit aller Bürger ist unmöglich...es existieren unvereinbare und unbestreitbare Ungleichheiten, sei es zwischen Gläubigen und Ungläubigen, Reichen und Armen, Ehemann und Ehefrau, Gesunden und Kranken, Gebildeten und Ungebildeten. Außerdem wird eine Verfassung oder eine Legislative eigentlich nicht benötigt, denn der Islam ist absolut und hat mithin keine Mängel, die einer Komplettierung bedürften."[163]

Ein weiteres Reizthema stellt für diese islamischen Denker das Prinzip der Volkssouveränität dar. Sayyid Quṭb, einer der einflußreichsten Theoretiker der ägyptischen Muslimbruderschaft, lehnte jede Form der Volkssouveränität als Essenz des westlichen Demokratiebegriffs ab. Er bezeichnete sie als Usurpation der göttlichen Souveränität und eine Form der Tyrannei, da sie Individuen dem Willen anderer Individuen unterwerfe. Die einzige Lösung sei die Wiederherstellung der göttlichen Souveränität.[164]

Eine weitere Gruppe islamistischer Denker nähert sich dem Problem der Demokratie auf flexiblere Weise. Sie beharrt nicht auf der Unvereinbarkeit von Islam und Demokratie, sondern löst den Widerspruch mit der Behauptung auf, der Islam sei per se demokratisch. Ihre Interpretation der Demokratie basiert auf dem im Koran enthaltenen Konzept der *šūrā*, d.h. der Konsultation. Es wird ergänzt durch das Prinzip des ʿ*iǧtihād*, d.h. der individuellen Vernunftentscheidung und des ʿ*iǧmāʾ*, d.h. des Konsenses bzw. des Bemühens um Konsens. Islamische Gesetze und Kodizes sind im allgemeinen sehr flexibel, da unter veränderten Umständen auch veränderte Rechtsprechungen möglich sind. Autokratie und Despotie waren immer möglich, sie sind aber durch den Islam nicht legitimiert.

Islamische Führer sind gehalten, vor weitreichenden Entschlüssen zu beraten und auf der Basis des Konsenses zu handeln, d.h. nicht gegen den Willen der Mehrheit. Der Führer beansprucht zwar den Ursprung der Autorität für sich. Er persönlich bestimmt die Richtung der politischen Entwicklung und erwartet von den Untertanen und vom bürokratischen Apparat, sie umzusetzen. Trotzdem unterscheidet ihn Grundsätzliches von einem europäischen Monarchen aus dem Zeitalter des Absolutismus. Kein islamischer Führer konnte für sich in Anspruch nehmen, durch göttliches Recht zu herrschen. Er unterliegt dem islamischen Recht ebenso wie seine Untertanen.

Da sich aus dem Anspruch, nach den Bestimmungen des islamischen Rechts zu herrschen, der Kern seiner Legitimität ableitet, ist der Führer letztlich darauf angewiesen, daß seine Untertanen die Übereinstimmung bestätigen oder sie zumindest nicht in Abrede stellen. Konsens (ʿ*iǧmāʾ*) macht einen wichtigen Bestandteil des islamischen Rechts durch die Annahme aus, daß die Meinungsübereinstimmung der gesamten islamischen Gemeinschaft göttlich inspiriert ist, der Führer allein jedoch nicht. Deshalb sucht er den Konsens mit den Gläubigen, steht der Konsens als Herrschaftsprinzip über - nie gänzlich zu unterbindender - Willkür. Die Übereinstimmung wird aber nicht etwa durch Wahlen hergestellt, sondern durch die traditionelle Form der Konsultation - šūrā.

Hasan Turābī, der Führer der sudanesischen National Islamic Movement (NIM), gilt als bedeutendster Verfechter der These von der Inhärenz der Demokratie im Islam, einer Demokratie, die auf šūrā und ʿiǧmāʾ basiere.[165] Die Denotation von Demokratie und šūrā sind für ihn gleich, d.h. die Teilnahme des Menschen an politischen Entscheidungen, während die Konnotation sich unterscheide, nämlich durch die unterschiedlichen Grundprinzipien der Volks- und der Gottessouveränität.[166]

Šūrā bedeutet für Turābī direkte Demokratie, wohingegen die westliche, repräsentative Demokratie indirekt und im Interesse einzelner Gruppen wirke. Darüber hinaus existieren für ihn noch weitere Gründe, die das šūrā-Prinzip der westlichen Demokratie überlegen machen. Letztere basiere auf der säkularistischen Herrschaft. Der Islam unterscheide aber nicht zwischen göttlicher und privater Seite des Lebens. Damit sei im Islam die Demokratie keine besondere politische Praxis, sondern sie durchziehe alle Lebensbereiche. Im Islam sei Gott souverän, im Westen das Volk. Außerdem unterscheide der Westen zwischen Politik und Moral, einen Widerspruch, den der Islam nicht kenne. Der Islam befördere zudem die Einheit der ʿumma durch ʿiǧmāʾ. Das sei der Herrschaft der Mehrheit in jedem Fall vorzuziehen.[167]

Insgesamt fällt bei diesen Überlegungen Turābīs auf, daß er den Islam idealisiert, während er die westliche Demokratie pauschalisiert. Šūrā, ʿiǧtihād und ʿiǧmāʾ betrafen hingegen immer nur einen kleinen Teil der gebildeten und privilegierten Bevölkerung eines Reiches oder Staates, sie können so mit allgemeiner Partizipation nicht gleichgesetzt werden.

Damit ist eines der größten Hindernisse in der Glaubwürdigkeit islamisch/islamistischer Demokratieversprechen angesprochen: Vor allem säkularistische, liberale Bürger in der islamischen Welt, ethnische und religiöse Minderheiten sind weitgehend bereit zuzustimmen, wenn islamistische Propagandisten behaupten, die bisherige Rolle des Islam als Instrument der autokratischen Herrschaftsdurchsetzung sei eine Verfehlung, die der wirkliche Islam an der Macht beseitigen werde. Der Massenzulauf zu islamistischen Bewegungen verspricht auch ihnen am ehesten die Durchsetzung einer Alternative zu der auch von ihnen abgelehnten bisherigen gesellschaftlichen Misere. Aber welchen Platz werden sie dann in dem islamischen Staatswesen einnehmen, was passiert nach der Machtübernahme durch islamistisch/fundamentalistische Kräfte?

Da diese sich ausschließlich der Souveränität Gottes und nicht der Souveränität des Volkes, d.h. derjenigen, die sie gewählt haben, verpflichtet fühlen, könnte eine Abwahl bzw. Ersetzung unmöglich werden, d.h. eine Despotie würde durch eine Theokratie ersetzt.[168]

Diese Befürchtungen sind tief verwurzelt, leiten sich aber aus der Fixierung auf islamistische Losungen und Forderungen ab. Wie vordem erwähnt, stellt sich der Islam jedoch weitaus vielgestaltiger dar, finden sich in ihm Strömungen, die auch an die Frage der Demokratie offen und dialogbereit herangehen. Die ägyptischen Gelehrten Muḥammad Azmara und Muḥammad al-Ġazzalī vertreten z.B. die Meinung, daß wahrhafte Demokratie spezifischer Formen bedarf, d.h. Parlamente und Parteien seien unverzichtbar. Es komme vielmehr darauf an, diese Formen mit dem Islam in Übereinstimmung zu bringen.

Sie plädieren wohl für eine Wertschätzung des *šūrā*-Prinzips und betonen dessen bindende Bedeutung. Aber auch eine repräsentative Demokratie verbiete das Prinzip nicht grundsätzlich. Wenn die *ʿumma* ihre Repräsentanten wähle, und diese sich an das islamische Recht hielten, sei das durchaus legitim. Ġazzalī hob hervor: "Die Tür des ʿiġtihād ist seit 1000 Jahren verschlossen, aber wir können die Errungenschaften anderer, z.B. die parlamentarische Demokratie durchaus übernehmen."[169]

Auch der libanesische Gesitliche und Linguist Šaiḫ ʿAbdallāh al-Ālaylī forderte, die *šarīʿa* nicht als unveränderlich und unabänderlich zu betrachten, denn Dinge, die sich nicht erneuern, würden sterben.[170]

Wie im Fall islamistischer und westlicher Extremauffassungen finden sich auch im Lager der westlichen Wissenschaft viele Gelehrte, die eine ähnlich flexible Sicht wie Ġazzalī, Azmara, Ālaylī und andere bevorzugen. David Pool bemerkte:

> "We should add, too, that the view that Islam is utterly incompatible with democracy, whatever form latter takes, is to view Islam from a limited and simplistic perspective... The current phase of political liberalization (during which Islamic movements have emerged as the dominant force within opposition) provides a testing ground for the compatibility of particular Islamic movements with a process of political liberalization rather than the broader compatibility of Islam and democracy."[171]

Andere heben hervor, daß sich die oft apostrophierte Gleichsetzung von Islam und autoritärem Herrschaftsstil nicht aus den Lehren des Islam ableiten ließe. Die Gleichsetzung sei vielmehr der jahrhundertelangen zynischen Manipulation des Islam durch die jeweiligen Herrscher geschuldet.[172]

Eher allgemeinerer Natur sind die Überlegungen weiterer Wissenschaftler, die betonen, daß die Geschichte bewiesen habe, daß Nationen oder religiöse Traditionen über die Fähigkeit verfügten, sich umzuorientieren. Sie führen das Beispiel der europäischen Feudalreiche an, deren Herrschaft mit göttlichem Recht begründet wurde. Ihre Transformation in moderne westliche Demokratien sei von einem Prozeß der Reinterpretation und Reform begleitet worden. Die christliche Tradition, früher eine Stütze des Absolutismus, sei umgewertet worden und begünstige jetzt das demokratische Ideal. Auch der Islam lade zu vielfältiger Interpretation ein. Er könne zur Befürwortung von Demokratie ebenso verwendet werden wie für die Legitimierung der Diktatur, für den Republikanismus wie für die Monarchie.[173]

Diese Wortmeldungen stärken immerhin die Gewißheit, daß die Frage der Kompatibilität von Islam und Demokratie nicht so einfach zu beantworten ist, wie es die Mehrzahl der Islamisten aber auch einige westliche Publizisten weismachen wollen. Keine Religion ist aus sich heraus demokratisch und keine politische Kultur wird nur von der Religion ihrer Mehrheit determiniert. Die Sprache der Religion kann und wird in der islamischen Welt wie auch anderswo sowohl dazu genutzt, die bestehende Ordnung zu verteidigen, als auch gegen sie zu opponieren. Der Islam ist wie alle großen Religionen und kulturellen Traditionen ein hochkomplizierter Komplex aus Ideen, Annahmen, Doktrinen, Behauptungen und Verhaltensmustern. Er ist politisch, theologisch und kulturell sehr heterogen und kann - wie die Religion in westlichen und anderen Gesellschaften auch - eine Rolle in der Sichtbarmachung und Fokussierung sozialer Widersprüche und politischer Konflikte spielen.

Die hervorgehobene Stellung islamistischer Kräfte in der Gegenwart ist mehr dem Stand staatlicher Illegitimität und der Repression geschuldet als der außergewöhnlich hohen Religiosität muslimischer Gesellschaften. Jede große Religion oder kulturelle Tradition besitzt Elemente, die mit der Demokratie kompatibel sind und Elemente, die dem widersprechen. Islamische Demokratie mag manchem ein Widerspruch in sich sein, aber es kann ohne Zweifel Demokratie in einer islamischen Gesellschaft geben. Die eigentliche Herausforderung besteht darin, jene Elemente, die für eine Demokratie adaptionsfähig sind herauszuarbeiten und Umstände zu schaffen, die ihre Vorherrschaft über regressive Elemente sichern.

Von diesem Standpunkt aus kann die Frage einer demokratischen Entwicklung in der Islamischen Republik Iran keinesfalls erschöpfend beantwortet werden. Zwar hat es den Anschein, als würde das gegenwärtige iranische Regime von Kräften beherrscht, die eher zu einer rigiden Verneinung der Vereinbarkeit islamischer Normen und westlicher Demokratie neigen,[174] aber die Umstände könnten auch eine radikale Neuorientierung in dieser Problematik erforderlich machen. Auch der schiitische Islam verfügt über reiche Traditionen des Selbstbewußtseins, des Wandels und des Freiheitswillens.[175]

Politische Liberalisierung als Systemherausforderung

Die Voraussetzungen für eine rasche Demokratisierung der iranischen Gesellschaft scheinen zunächst jedoch trotz der Abschüttelung einer Willkürherrschaft durch die Mehrheit des Volkes und die grundsätzliche Eigenschaft der islamischen Religion, die Herausbildung demokratischer Verhältnisse nicht per se zu behindern, eingeschränkt zu sein.

Das Erbe jahrtausendealter monarchischer, zentralistischer und autokratischer Herrschaftsformen wirkt im Bewußtsein der Bevölkerung fort. Toleranz gegenüber Kritik und den Ansichten Anderer gehören nicht zu den bevorzugten Tugenden in der Erziehung, Institutionen einer Zivilgesellschaft, die geeignet wären, zwischen den verschiedenen Polen des Staates zu vermitteln, sind bestenfalls rudimentär vorhanden. Demzufolge fehlt den auf demokratische

Veränderungen drängenden Kräften die tief im Bewußtsein verankerte Sicherheit der eigenen Legalität, ihrer Grenzen bzw. Handlungsspielräume. Der Staat zeigte wiederum bislang keine Bereitschaft, die Opposition als legitimierende Komponente des eigenen Bestehens anzuerkennen.[176] Weitere Faktoren für die Behinderung der Durchsetzung demokratischer Verhältnisse finden sich auch im Fortleben anderer Elemente: schwaches Kapital, in Transformation befindliche soziale Schichten und die Rückständigkeit des Staates.[177]

Definitionen des Begriffes der "politischen Demokratie"[178] liegen in großer Zahl vor. Allen gemeinsam ist die Verständigung auf fünf grundlegende Forderungen:

- Das Fehlen jeglicher Diskriminierung aus Gründen religiöser, ethnischer oder politischer Zugehörigkeit bei der Äußerung politischer Standpunkte, sei es indirekt oder durch gewählte Repräsentanten.
- Alle Bürger genießen ab einem festgelegten Alter gleiches Stimmrecht. Sie wählen gemäß ihrer politischen Überzeugung ohne Behinderung die ihnen zusagende Partei.

Alle politischen Parteien sind vor dem Gesetz gleich, so daß der Wettbewerb zwischen ihnen auf gleicher Grundlage erfolgt, und sie reale Alternativen verkörpern.

- Bei der Wahl politischer Repräsentanten und im legislativen Prozeß gilt das Mehrheitsrecht. Dieses Recht darf jedoch nicht das Recht der Minderheit beschneiden, selbst legale und verfassungsmäßige Mehrheit zu werden.
- Das Rechtssystem ist darauf abgestellt, die obengenannten Prinzipien durchzusetzen.

"While the above may not exhaust the meaning of representative or political democracy, the absence of any of these practices villates the fundamentals of representative democracy; such a society is by definition not democratic."[179]

Bei Zugrundelegung dieser Maßstäbe fällt die Diskrepanz zu den tatsächlichen Verhältnissen im Iran der Gegenwart besonders auf. Daraus sollte allerdings nicht gefolgert werden, Demokratie sei in Iran gänzlich unmöglich oder bedürfe noch unüberschaubar langer Zeiträume für ihre Durchsetzung.

Wichtig scheint, den Hebel der Veränderung an der richtigen Stelle anzusetzen. In seltener Einheit postuliert die mit dieser Thematik befaßte Sozialwissenschaft seit längerem, daß zunächst das politische System auf eine Weise strukturiert werden müsse, die es in die Lage versetze, "to afford the practice of democracy. Democracy can be maintained only through the establishment of a necessary balance among the conflicting forces in society: capital, labor, amd the state in their totality"[180]. Darüber hinaus erwuchs aus einer Vielzahl von Fallstudien über Entwicklungsgesellschaften die Erkenntnis, daß demokratische Herrschaftsformen sich am ehesten dort durchsetzen ließen, wo die grundlegenden sozialen und ideologischen Konflikte der Gesellschaft bereits auf handhabbare Proportionen geschrumpft sind.[181]

Eine wesentliche Möglichkeit, den Schrumpfungsprozeß in Gang zu setzen, besteht in der Förderung der politischen Partizipation. Diese Teilnahme, "a process in which private citizens confront or interact with agents of the state..."[182], bedeutet den Nukleus jeglicher politischer Liberalisierung. Sie qualifiziert sich allerdings noch nicht als rudimentäre Demokratie oder initiiert den Prozeß der Demokratisierung auf zwingende Weise.

Partizipation kann auch in Herrschaftsformen geduldet oder sogar gefördert werden, die nicht auf Grund freier Wahlen zustandekamen. Sie umfaßt zunächst nur Formen wie die Stimmabgabe, Teilnahme an politischen Kampagnen, kommunale Aktivitäten und individuelles wie kollektives politisches Handeln.[183] Partizipation und politische Liberalisierung dienen häufig genug nur als Ventil für in Bedrängnis geratene autokratische Regimes, um die Fiktion der Legalität möglichst lange aufrechtzuerhalten, wiewohl sie selten ohne gehörigen Druck der Regierten gewährt werden.

Vor allem letztgenannter Aspekt involviert die Chance, daß ein Prozeß vertiefter und erweiterter politischer Partizipation schließlich in einen Demokratisierungsprozeß hinüberwächst.[184] An diesem Wendepunkt scheint die iranische Gesellschaft angekommen zu sein.

Verglichen mit anderen Staaten der Region genießt die Bevölkerung Irans bereits ein außerordentlich hohes Maß an politischer Partizipation, auf deren Formen in den vorangegangenen Abschnitten eingegangen wurde. Sie galten als Errungenschaften der Revolution und wirkten solange als hinreichend stabilisierend, wie den die Revolution tragenden Kräften die Gewißheit vermittelt werden konnte, an der Gestaltung des neuen Staatswesens angemessen beteiligt zu werden.

Als sich diese Zuversicht schließlich an den Grenzen des Zugestandenen brach, dienten der Kriegszustand mit Irak und die Allgewalt des verehrten Revolutionsführers Chomeinī für eine weitere Spanne von Jahren als Entschuldigung bzw. Barrikade für massenhafte Forderungen nach weiteren politischen Rechten. Chomeinī ließ schließlich an seiner grundsätzlichen Ablehnung jeglicher pluralistischer Demokratievorstellungen nie Zweifel aufkommen. Wiederholt bezeichnete er die Demokratie als "westliches Komplott" mit dem Ziel, den Islam zu unterminieren. Freiheit sei vor allem ein Gelüst auf materielle Freuden und Unmoral, mithin stünden Demokratie und Freiheit im westlichen Sinn den Zielen eines islamischen Staates diametral entgegen.[185]

Es versteht sich von selbst, daß eine Reihe seiner engagiertesten Jünger auch Jahre nach seinem Tod eine Verpflichtung verspürt, keine Verwässerung der Ansichten ihres geistigen Führers zuzulassen. Auf Grund der Geschichte der Islamischen Republik darf zudem nicht verwundern, daß diese Kräfte nach wie vor an entscheidenden Positionen des Regimes wirken.

Āyatollāh Mahdavī Kānī, das Oberhaupt der Resālat-Gruppe, bekämpft auch in der Gegenwart jegliche Versuche der Etablierung eines Parteiensystems.

"Parteien suchen ihren Erfolg auf Kosten des Gegners. Wir sind hingegen Muslime und deshalb im Umgang miteinander an islamische Regeln gebunden, die Parteien nicht vorsehen."[186]

Ähnlich dezidiert äußerte sich auch Āyatollāh Mohammad Yazdī, der Oberste Jurist des Landes, als er den Rahmen demokratischer Freiheiten im Islam beschrieb. Der Wettbewerb unterschiedlicher politischer Ansichten verwirre die öffentliche Meinung und entmutige den Menschen. Er sei daher eine Sünde und untergrabe die Islamische Republik.[187] Eine Flut von gelehrten Publikationen untermauert diese und gleichgeartete Ansichten.[188]

Die inneriranischen Verhältnisse haben sich jedoch seit dem Tod Chomeinīs dramatisch verändert. Bei aller Wertschätzung des verstorbenen Faqīh bedurfte es doch seiner täglichen Präsenz, um das Bestreben nach erweitertem politischen Mitspracherecht zu kanalisieren. Angesichts der anhaltenden wirtschaftlichen Misere wächst in den davon am schwersten betroffenen Schichten, Arbeitern, kleinen Gewerbetreibenden, Angestellten und Intellektuellen - der Massenbasis der Revolution - hingegen ein Gefühl der Ohnmacht, den als zunehmend unerträglich empfundenen Verhältnissen ausgeliefert zu sein.

Täglich erleben sie die Auswüchse wuchernder Korruption im Staatsapparat, Bürokratismus, Mißmanagement, Engpässe an Waren und Dienstleistungen, kleinliche Kontrollen des Wohlverhaltens und die zunehmend als hohl empfundene Rhetorik der Regierenden. Deutlicher als je zuvor erweist sich das Regime als engmaschiges Netzwerk von Patronage- und Klientelverhältnissen, zu dem sie keinen Zugang besitzen, das jedoch nichtsdestotrotz alle lebenswichtigen Entscheidungen trifft.[189]

In dieser vordem unbekannten oder verdrängten Zwangslage erweisen sich die Möglichkeiten der politischen Partizipation für die Mehrheit der Bevölkerung gerade dort als außerordentlich begrenzt, wo sie sie als vitale Notwendigkeit begreift. Nur eine Minderheit der Betroffenen begegnet dem Problem mit Verweigerung,[190] mit "innerer Emigration" nach dem Motto: "You created the mess; you deal with it."[191] Der Mehrheit ist hingegen die Bindung an die ursprünglichen Ziele der Revolution noch nicht verloren gegangen. Sie konstatiert die gravierenden Fehlentwicklungen und möchte an deren Beseitigung aktiv beteiligt werden. Bekanntlich entlud sich die Frustration in dieser Mehrheit bisweilen in spontanen Erhebungen.

Am anderen Ende des Spektrums steht eine weitere Minderheit: Kräfte, die nicht nur ein unbestimmtes Gefühl der Ohnmacht und des Ausgeschlossenseins umtreibt, das in temporären politischen Eruptionen gipfelt, sondern die ihrerseits mit klar strukturierten Forderungen nach der Gewährung demokratischer Freiheiten an die Öffentlichkeit treten. Sie sind vor allem in der Nehzat-e Āzādī und deren Umgebung zu finden. Getreu dem Vermächtnis ihres unlängst verstorbenen langjährigen Führers, Mehdī Bāzārgān, plädieren sie wohl für einen Staat, in dem der Islam eine bedeutende Rolle einnimmt, aber nicht das politische Leben omnipräsent diktiert. Die klassischen islamischen Kategorien der *šūrā* und des Konsenses sind ihrer Meinung nach nicht geeignet, Institutionen wie Parteien und freie Wahlen zu ersetzen. Folgerichtig kämpfen sie unbeirrt für die vollständige Durchsetzung der in den Paragraphen 3 und 5 der Verfassung niedergelegten Menschenrechte, für die Aufhebung jeglicher Zensur und die ungehinderte Zulassung politischer Parteien.[192] Bewußt loten sie die Grenzen der Zensur aus und lancieren ihre Forderungen und Auffassungen in sympathisierende Zeitungen wie das populäre Hauptstadtblatt "Hamšahrī" oder die literarische Wochenzeitung "Ādīneh". In letzterer war u.a. zu lesen:

> "Das Ziel der politischen Freiheit für das Volk war während des Krieges (mit Irak - H.F.) nicht zu verwirklichen. Jetzt, wo der Krieg lange vorüber ist, dürfen die Intellektuellen, die Schriftsteller, ja die gesamte Bevölkerung mit Recht verlangen, daß die Versprechungen nach Demokratie erfüllt werden. Jetzt ist es an der Zeit, das Kapitel der uneingeschränkten Herrschaft des religiösen Establishments zu schließen und einige harte Fragen nach Demokratie und Freiheit zu stellen."[193]

Für diese Kräfte sind umfassende und freie Wahlen mit politischen Parteien, die keinerlei Diskriminierungen unterliegen, kein Gebot der Zukunft mehr, sondern der unmittelbaren Gegenwart. Getragen vom Mißbehagen der Bevölkerung über die unvermindert anhaltende Misere, stellen diese Forderungen unterdessen eine elementare Herausforderung für das Regime dar,[194] es wurde in direkten Zugzwang gebracht.

Standpunkte, wie sie die Āyatollāhs Yazdī, Mahdavī Kānī und andere vertreten, und die auf eine Konservierung des Status quo hinauslaufen, sind längst nicht mehr dazu angetan, die Fortdauer der Islamischen Republik zu sichern. Sieben Jahre nach dem Tod Chomeinīs scheint die Legitimität der Herrschenden bereits soweit ausgehöhlt zu sein, daß selbst mindere Anlässe oder Fehlentscheidungen eine Staatskrise auszulösen vermögen. Die politische Liberalisierung mit der eindeutigen Tendenz zur Demokratisierung wird vorangehen müssen, ansonsten läuft das Regime Gefahr, die Macht zu verlieren.

Auf längere Sicht benötigt die Islamische Republik Iran ein demokratisches, pluralistisches Mehrparteiensystem, um das Massenbedürfnis nach Stabilität, Wohlstand und Entwicklung dauerhaft zu befriedigen. Die Politik der begrenzten Toleranz aus der Vergangenheit, in der die dominierende, aber quantitativ in der Minderheit befindliche Gruppe der Bevölkerungsmehrheit nur einen geringen Teil der Rechte und Privilegien zugesteht, den sie sich selbst zubilligt, wird sich definitiv nicht unbegrenzt fortsetzen lassen.

Dabei scheint die häufig in den Vordergrund gestellte Frage des Verhältnisses zwischen Islam und Politik in der Islamischen Republik eher sekundär. Die Geschichte Irans bewies bisher eindrucksvoll, daß sowohl rein säkularistische, als auch hegemonistische islamische Regimes auf den Widerstand signifikanter Bevölkerungsteile treffen und damit nicht geeignet sind, in die Zukunft zu tragen.

Es gilt daher, die Gleichheit aller politischen Kräfte des Landes herzustellen und sie in die Lage zu versetzen, in einem freien Wettbewerb ihre Ideen für die politische, wirtschaftliche und kulturelle Entwicklung des Landes einzubringen. Die kulturellen Traditionen und die religiösen Orientierungen der Bevölkerungsmehrheit blieben auch gewahrt, wenn Geistlichkeit und Laien als gleichberechtigte Partner an der Zukunft des Landes arbeiteten.[195]

Das setzt zunächst jedoch erst einmal die Möglichkeit eines friedlichen Machtwechsels voraus. Eine derartige Weitsicht ist allerdings bisher in keiner der Fraktionen des Regimes auszumachen. Zwar besteht nur eine Minderheit auf der Fortführung der bisherigen Partizipationsprozeduren, aber auch die Mehrheit schreckt vor den möglichen Konsequenzen wirklich freier Wahlen zurück.

Die mit strategischem Geschick ausgestatteten Führer Irans verspüren nicht nur die zunehmende Zahl von Erhebungen in den städtischen Ballungszentren als elementare Herausforderung, sondern sie konstatieren auch im Alltag ein beklemmendes Nachlassen des revolutionären Enthusiasmus, immer dünner werdende Verbindungslinien zwischen Revolutionsführung und Volk.

Die Freitagsprediger klagen allenthalben darüber, daß im Gegensatz zu den Zehntausenden vergangener Jahre, die jeden Freitag zu den Gebetsplätzen strömten, in der Gegenwart nur noch ein "harter Kern" Engagement bekunde.[196] In den von ihnen beherrschten Massenmedien finden sich immer häufiger Appelle an die Bevölkerung, zu alter revolutionärer Begeisterung zurückzukehren. Andererseits nehmen aber auch eigene Besserungsgelöbnisse zu.

> "Wir Geistlichen sind nur dann stark, wenn die Bindungen an die Gläubigen eng sind. Unsere übertriebene Orientierung auf politische Positionen hat diese Verbindungen jedoch geschwächt. Wir haben insgesamt an Ansehen verloren. Wir müssen wieder mehr an die Menschen und weniger an unsere Posten denken."[197]

Innerhalb dieser Appelle nimmt die Jugend einen besonderen Stellenwert ein. Durch die immer jünger werdenden iranischen Gesellschaft (70 Prozent der Bevölkerung sind jünger als 30 Jahre)[198] entscheidet sich die Zukunft des Systems letztlich auch am Verhalten der jungen Generation. Aber auch in der Jugend stellt die Presse zunehmendes Desinteresse und Apathie fest, räumt aber gleichzeitig ein, daß deren Lage alles andere als befriedigend sei.[199] Abhilfe könne nur ein offenes Zugehen auf die Jugendlichen, ein sachkundiger Umgang mit ihren Problemen schaffen.[200] Selbst Faqīh Chāmene'ī oder Präsident Rafsangānī lassen daher kaum eine Gelegenheit aus, der Jugend Unterstützung zuzusichern, dafür aber auch Engagement und Zustimmung einzufordern.[201]

Die Angesprochenen verhalten sich unterdessen aber kaum anders als die übrige Bevölkerung. Für sie klingen die Appelle nach leerer Rhetorik oder bestenfalls nach nostalgischer Beschwörung, jedenfalls weit von der tatsächlichen Situation entfernt.

Ein Studentenführer entgegnete den Vorhaltungen der Regierung, diese verkenne die Lage, wenn sie sich von einer Politisierung der Jugend Zustimmung erhoffe. Die studentische Jugend sei sehr wohl an Politik interessiert, lasse sich aber nicht länger instrumentalisieren. Der Alltag beweise, daß politisches Engagement der Jugend eher unterdrückt würde, da es mehrheitlich oppositionelle Ansichten zum Ausdruck bringe.[202]

Damit wird den weitsichtigeren Kräften des Regimes immerhin offensichtlich, daß - wenn schon freie Wahlen solange wie möglich vermieden werden sollen - andere substantielle Schritte der politischen Liberalisierung unumgänglich sind. In der Gegenwart konzentrieren sich die Forderungen nach politischer Liberalisierung - auch innerhalb des Regimes und der unmittelbaren Sympathisantenschaft - auf die Zulassung eines pluralistischen Parteiensystems. Der Chefredakteur der Zeitung "Salām", Moḥammad ʿAbdī, wies in einem Leitartikel darauf hin, daß der Mangel an legalen Kanälen der Meinungsäußerung, insbesondere das Fehlen politischer Parteien den Menschen häufig keine andere Wahl lasse, als ihren Unmut gewaltsam zum Ausdruck zu bringen.[203] Der bereits erwähnte Beḥzād Nabavī verkündete in der gleichen Zeitung:

"Wahlen müssen ausschließlich auf der Grundlage von Parteien erfolgen. Diese sollten ihre Programme und Ideen frei vorstellen dürfen. Was nutzen uns am Ende Wahlen, wenn deren Ergebnisse immer vorhersehbar sind."[204]

Der permanente Druck auf die Regierenden erzwang in jüngster Vergangenheit bereits erste Zugeständnisse. Am 27. April 1995 bestätigte das Parlament das Gesetz über die Bildung "islamischer Räte" vom 22. November 1982, das "wegen des Krieges mit Irak" bisher nicht angewendet worden sei. Zumindest auf kommunaler Ebene solle die Einwohnerschaft vermittels der Räte nun über die Besetzung von Bürgermeisterposten und Positionen im Verwaltungsapparat entscheiden, über Bau- und Entwicklungsprojekte abstimmen sowie deren Realisierung, aber auch die Arbeit der Verwaltungen überwachen.[205] Es bleibt abzuwarten, ob damit - wie so häufig bei Zugeständnissen politischer Partizipation - ein weiteres Ventil geöffnet wurde, oder ob bereits die ersten Schleusen brechen.

Wenn es den weitsichtigeren Kräften des Regimes jedenfalls gelingen sollte, "über ihren Schatten zu springen" und bislang Außenstehenden mehr als Alibifunktionen in der politischen Gestaltung Irans zuzugestehen, dann dürfte deren Bestand auf längere Zeit gesichert sein, auch wenn sich ihr Charakter änderte. Die lähmende Pattsituation innerhalb des Regimes wäre aufgehoben. Die Gegenwehr der Puristen würde zwar kurzzeitig beträchtlich zunehmen, ihre Basis aber zunehmend schmaler werden.[206] Die Zukunft der Islamischen Republik Iran entscheidet sich an dieser Frage.

Interdependenz zwischen wirtschaftlicher und politischer Liberalisierung

Es gilt in der Fachwelt unterdessen als gesicherte Erkenntnis, daß die ökonomische und die politische Liberalisierung in einem engen Verhältnis zueinander stehen. Die Demokratie stellt sich als außerordentlich komplexe Herrschaftsform dar, auch wenn im vorangegangenen Abschnitt ihre politischen Aspekte im Vordergrund standen.

In der gelebten Realität lassen sich ihre politischen, wirtschaftlichen, sozialen und kulturellen Komponenten aber kaum voneinander abgrenzen. Persönliche Freiheit führt im allgemeinen rasch zu Bedürfnissen nach wirtschaftlicher Gerechtigkeit und Chancengleichheit. Umgekehrt hat ein Prozeß wirtschaftlicher Liberalisierung häufig Forderungen nach politischer Freiheit im Gefolge.[207]

Trotz des unzweifelhaft vorhandenen Zusammenhangs zwischen den beiden Hauptaspekten der Liberalisierung muß jedoch angemerkt werden, daß sie in der Realität selten in einem vollkommenen Gleichgewichtsverhältnis zueinander stehen. Sollen am Ende eines politischen Liberalisierungsprozesses demokratische Regierungsstrukturen entstehen und stabil bleiben, sind entsprechende sozialökonomische Bedingungen Voraussetzung.

Ein Abwägen zwischen wirtschaftlichen Reformen und Demokratie sollte deshalb zunächst den Reformen das Primat einräumen, um den notwendigen materiellen Unterbau zu schaffen, auf dem demokratische Verhältnisse erst zu gedeihen vermögen.[208] In keinem Winkel der Welt führten bislang politische Liberalisierung von oben oder selbst die Beseitigung autokratischer Diktaturen von unten allein zu einer nennenswerten Fähigkeit, einen adäquaten wirtschaftlichen Aufschwung in die Wege zu leiten.

Um auf Dauer erfolgreich zu sein, müssen die neuen politischen Verhältnisse mit einer tiefgreifenden Umstrukturierung der Wirtschaft einhergehen, muß die Partizipation in der Wirtschaft ein mindestens ebenso hohes Niveau erreichen wie in der Politik. Der namhaften Iranexpertin Nikkie Keddie ist deshalb zuzustimmen, wenn sie behauptet, daß die übliche westlichen Annahme, ein allgemeingültiger Demokratisierungsfahrplan werde die spezifischen wirtschaftlichen und sozialen Bedürfnisse eines gegebenen Landes befriedigen, bisher in keinem Fall zutraf.[209]

Die Anerkennung des Primats der Wirtschaft im Wechselspiel zwischen politischer und ökonomischer Liberalisierung fußt hingegen auf einer Vielzahl detaillierter Fallstudien im Bereich der Entwicklungsländer. Ein starkes Kapital in einer gesunden marktwirtschaftlichen Umgebung schuf im Regelfall auch günstige politische Bedingungen für andere Klassen und Schichten, während eine schwache oder noch im Vorstadium befindliche Bourgeoisie allgemein für Staaten charakteristisch ist, in denen autokratische Herrschaftsformen dominieren.[210] Allerdings sollte auch diese Erkenntnis nicht zum Dogma erhoben werden.

Der Prozeß der gegenseitigen Begleitung und Stärkung von Demokratisierung und marktorientierten wirtschaftlichen Reformen stellt sich als sehr komplex dar und birgt eine Reihe von Unwägbarkeiten und retardierenden Momenten in sich. Seine grundsätzliche und auf längere Sicht in der Regel eingelöste Gültigkeit dürfte in einzelnen Fällen durchaus aufgehoben oder zumindest unterbrochen werden, wenn sich im Zuge marktökonomischer Reformen eine neue Elite herauskristallisiert, die ihren Ehrgeiz daransetzt, die politische Macht zu monopolisieren.[211]

Grundsätzlich befinden sich auch in Iran ökonomische und politische Liberalisierung in starker gegenseitiger Abhängigkeit. Im Idealfall müßte das Land seine Wirtschaft auf der Basis gleichberechtigter Partizipation aller sozialen Kräfte entwickeln. Wirtschaftliche und politische Partizipation dürften von keiner Gruppe dominiert werden.

> "A modern progressive Iran can be build based on freedom of economic activity with minimum government interference. Democracy must be cherished and promoted through democratic institutions capable of adapting to the Iranian and Islamic culture."[212]

Davon ist das Land jedoch noch weit entfernt. Die ökonomische Liberalisierung stagniert, weil die Obstruktion der Rohanyūn große Wirkung zeigt und die Unterstützung der marktorientierten Kräfte für den Liberalisierungskurs des Präsidenten angesichts des ungewissen Ausgangs des Experiments bestenfalls halbherzig zu nennen ist.

Andererseits treten gerade Anhänger der Rohanyūn innerhalb der Geistlichkeit noch am deutlichsten für ein höheres Maß an politischer Partizipation ein. Präsident und Regierung werden dadurch immer unbeweglicher, da in beiden Richtungen schwerwiegende Kompromisse geschlossen werden müssen, in deren Ergebnis sowohl politische als auch ökonomische Liberalisierung nur mühsam vorankommen.

Allerdings hat es den Anschein, als ob auch im Fall Irans der Fortgang der ökonomischen Liberalisierung am Ende über den Erfolg der politischen Liberalisierung entscheiden wird. Bezeichnenderweise gab die Regierung 1993 einem ihrer Forschungsinstitute (Institute for Political and International Studies - IPIS) den Auftrag festzustellen, aus welcher Richtung Iran unmittelbare Gefahr drohe.

Die Experten kamen zu dem Schluß, daß dem Bedrohunspotential unterschiedliches Gewicht beizumessen sei. Vom Ausland gehe keine unmittelbare und direkte Bedrohung aus, im Inland formiere sich zwar Opposition, diese sei sich jedoch uneins und verfüge kaum über Organisationsstrukturen. Die Haupt-

gefahr gehe von der Schwäche der Wirtschaft aus, die der Islamischen Republik Iran ein Ende wie der Sowjetunion bereiten könnte.[213]
Allein das Inauftraggeben einer derartigen Studie gibt beredte Auskunft über elementare Sorgen des iranischen Regimes, untermauert aber andererseits die Schlüsselrolle der ökonomischen Liberalisierung. Ihr Ausgang wird in jedem Fall den Weg der politischen Liberalisierung und damit auch der weiteren Entwicklung Irans vorzeichnen.
Sollte sie gelingen bzw. wieder Tritt fassen, würden jene Strukturen, Prozesse und politischen Kräfte gestärkt, die für Demokratisierung stehen. Sollte sie weiter stagnieren oder gar gänzlich mißlingen, wäre es trotzdem gut möglich, daß das Regime mittelfristig den Rahmen politischer Partizipation erweitert, um die bereits beschriebene Ventilfunktion zu offerieren. Ob aus einem derartigen Szenarium allerdings genügend Rückkopplungsimpulse für die ökonomische Liberalisierung zu erwarten sind, bleibt fraglich.

Perspektiven des militärischen Konfliktverhaltens Irans

Schwerpunkte der iranischen Außenpolitik seit 1989

Im Zusammenhang mit dem 2. Golfkrieg, also ein Jahr nach dem Tod Chomeinīs, wurde auch eine Reihe neuer Elemente der iranischen Außenpolitik wie in einem Fokussierspiegel sichtbar, da die Regierung in Teheran durch die weltpolitischen Ereignisse "vor ihrer Haustür" gezwungen war, ihren wesentlichen außenpolitischen Postulaten schärfere Konturen zu verleihen, und sie andererseits sicher sein konnte, in den meinungsbildenden internationalen Medien auch die gebührende Beachtung zu finden.
Die Grundlagen für ein Umdenken in der Außenpolitik lassen sich allerdings einige Jahre zurückverfolgen. Die Anerkennung der UNO-Sicherheitsratsresolution Nr. 598 durch die iranische Regierung und Revolutionsführer Chomeinī im Sommer 1988, die die Basis für den Waffenstillstand mit Irak schuf, darf als eigentliche Geburtsstunde einer pragmatischeren Außenpolitik angesehen werden.
Die Zustimmung zum Waffenstillstand nach jahrelangen vergeblichen Versuchen, die Revolution auch militärisch zu exportieren, stellte zweifellos eine bedeutende Zäsur dar. Es gilt allerdings unterdessen als sicher, daß nur die verzweifelte militärische und wirtschaftliche Lage Irans, die nahezu komplette außenpolitische Isolierung des Landes, zu dieser Entscheidung führten und nicht reifliches Überlegen aus einer Position der Stärke. Diese Feststellung besitzt insofern einige Bedeutung, als daß sie Rückschlüsse auf die Tiefenwirkung des iranischen Umdenkens zuläßt.
Nachdem der Entschluß einmal gefaßt war, entwickelte er eine soghafte Eigendynamik. Eine Entscheidung zugunsten des Kriegsendes konnte nur

bedeuten, nun dem Wiederaufbau des Landes Priorität einzuräumen, wozu wiederum der Zugang zu potentiellen regionalen und internationalen Partnern notwendig war.

Schon Tage nach dem Waffenstillstand reisten hochrangige Wirtschaftsdelegationen aus Japan, Australien, Italien, Indien, Pakistan, Kuwait und der Türkei nach Teheran, um Anteile an den umfangreichen Ausschreibungen zum Wiederaufbau zu erhandeln. Allein Südkorea erhielt Bauaufträge für die Zeit von 1988-1993 in Höhe von 15-16 Md. $.[214] Spie-Batignolles aus Frankreich und die Bechtel Company aus den "verhaßten" USA bekamen den Zuschlag für den Aufbau einer hochmodernen Raffinerie in Arak bei Bandar Abbās.[215] Die Wirtschaftskontakte zu diesen Partnern setzten in der Regel verbesserte politische Beziehungen zu ihren Herkunftsländern voraus oder hatten diese zum Ergebnis.

Bei allem fundierten Interesse der internationalen Wirtschaft, in Iran wieder aktiv zu werden, war es doch zunächst an der iranischen Regierung, glaubhaft zu versichern, vertragstreu zu handeln und das politische Umfeld für friedlichen Handel und Wiederaufbau zu schaffen.

Neue Elemente der Außenpolitik

Nicht von ungefähr traten Politiker wie Rafsanğānī, Chāmeneʾī, Velāyatī, Nabavī und andere mit Verlautbarungen an die Öffentlichkeit, die Prioritäten der islamischen Revolution neu zu bestimmen und ein günstigeres Klima für die Wirtschaftsvorhaben herzustellen. "Reconstruction has become our nation's slogan"[216], proklamierte Chāmeneʾī im Sinne einer Vorrangbestimmung.

Zumindest kurzfristig erhielten nationale, pragmatische Interessen Irans einen höheren Stellenwert als die radikale Philosophie der Revolution. Das manifestierte sich besonders deutlich im Umgang mit dem bisherigen außenpolitischen Credo, dem "Export der Islamischen Revolution". Jeder Wunsch nach einer Verbesserung der Beziehungen zu den Nachbarstaaten Irans hatte eine klare Positionsbestimmung der iranischen Regierung in dieser Frage zur Voraussetzung.

Schon im November 1988, also noch mit Wissen Āyatollāh Chomeinīs, bedauerte Rafsanğānī das iranische Verhalten gegenüber einigen arabischen Staaten in der Vergangenheit. "If Iran had demonstrated a little more tactfulness, they (the Arab States- H.F.) would not have supported Iraq."[217] Zwar läßt sich diese Annahme real nicht belegen, aber Rafsanğānī und seine Anhänger interpretierten den Revolutionsexport nun primär als Verpflichtung zur Stärkung der Revolution in Iran selbst.

Chāmeneʾī erklärte als Faqīh anläßlich des Neujahrsfestes 1372 (21. März 1993):

"Zugleich mit ihrem Stattfinden ist die Islamische Revolution Irans in die Welt exportiert worden. Die Revolution ist einmal exportiert worden und damit hat die Sache ein Ende."[218]

Seit dem Machtantritt Chāmeneʿīs und Rafsanğānīs bestimmen jedenfalls Begriffe wie "Stabilität" und "Entwicklung" das außenpolitische Vokabular Irans.[219] Ihrer Ansicht nach wäre jede regionale Instabilität geeignet, die iranischen Entwicklungspläne zu stören. In dieser Hinsicht entstand seit dem Ende der achtziger Jahre großer Handlungsbedarf.

Die stabile Macht der Sowjetunion im Norden hatte sich in einen instabilen staatlichen "Flickenteppich" aufgelöst, im Osten kommt Afghanistan nicht zur Ruhe, Pakistan befindet sich de facto im Bürgerkrieg, im Westen bleibt Irak trotz seiner Schwäche feindlich eingestellt, im Nordwesten wächst die Konkurrenz mit der Türkei um Einfluß in Mittelasien und um die Behandlung des beiderseits vitalen Kurdenproblems. Auf Grund des überragenden Einflusses ungehinderten Erdölexports für den Wiederaufbau mußten im Süden und Südwesten zumindest wieder "Arbeitsbeziehungen" mit den Staaten des Gulf Cooperation Councils (GCC) aufgenommen werden.[220]

Angesichts der von der irakischen Expansionspolitik nach 1988 ausgehenden neuen Instabilität in der Golfregion wurde die Umorientierung der iranischen Außenpolitik von den GCC-Mitgliedern im wesentlichen begrüßt. Die Voraussetzungen für eine Normalisierung der Beziehungen waren geschaffen.

Das betraf in erster Linie Saudi-Arabien. Rafsanğānī erkannte deutlich, daß jegliche Aufwertung der iranischen Position im Golfgebiet von einer Verbesserung der Beziehungen zu Saudi-Arabien abhinge.[221]

Die irakische Invasion in Kuwait und das mit dem 2. Golfkrieg stark veränderte Kräfteverhältnis in der Golfregion wirkten hingegen als effektive Katalysatoren der Annäherung zwischen Iran und Saudi-Arabien. Irans Gegner aus dem 1. Golfkrieg erwies sich weit stärker als in den siebziger Jahren erneut als Bedrohung Saudi-Arabiens. Die Führung des Landes begann nach der erprobten Methode zu handeln: Der Feind meines Feindes ist mein Freund!

So kamen sowohl Teheran als auch ar-Riyāḍ letztlich zu dem Schluß, daß Stabilität und Sicherung der Macht in beiden Ländern ein Minimum an Partnerschaft voraussetzen. Obwohl beide Staaten gelegentlich bei der schiitischen bzw. wahhabitischen Missionierung in Mittelasien oder auch indirekt im afghanischen Bürgerkrieg aneinander gerieten, setzten im Frühjahr 1991 rege diplomatische Aktivitäten zwischen beiden Ländern ein.

Im April 1991 reiste der iranische Außenminister Velāyatī zu einem offiziellen Besuch nach Saudi-Arabien. Bei seiner Ankunft zitierte ihn das offiziöse Saudi Arabian Bulletin mit den Worten, daß die gegenwärtige positive Entwicklung in den Beziehungen zwischen Iran und Saudi-Arabien das Ergebnis eines tiefen und realistischen Verständnisses der Situation sei, die die Golfregion prägt.[222] Derweil assistierte ihm sein Ministerium in Teheran mit einer Presseerklärung, in der es u.a. hieß:

"Neighborhood is unchangable ... our holy shrines ... and our Ka'ba are there. The Prophet is buried in Saudi Arabia. Can we ignore it?"[223]

Schon Anfang Juni 1991 erwiderte Saʿūd al-Faiṣal, saudi-arabischer Amtskollege Velāyatīs, in Begleitung von Erdölminister Hišam Nāzir den Besuch. Für das Regierungsbulletin "Saudi Arabia" bedeutete dies der Durchbruch in den bilateralen Beziehungen.[224] Zu dieser euphorischen Bewertung mag die während der Gespräche mit Saʿūd al-Faiṣal ausgesprochene Zusicherung Irans beigetragen haben, zukünftig Regierungsgegner und "Dissidenten jeglicher Coleur" in den Mitgliedsstaaten des GCC nicht mehr zu unterstützen.[225] Das wäre dann in der Tat die Kehrtwendung, die ʿUṯmān al-ʿAmīr, Chefredakteur der saudi-arabischen Tageszeitung aš-Šarq al-awsaṭ, in der iranischen Außenpolitik ausmachte, die die Entwicklung der Islamischen Republik von einer Revolution zu einem Staat abschließe.[226]

Auch das Verhältnis zu Kuwait erfuhr eine Verbesserung, obwohl die Vorzeichen dafür eher ungünstig standen. Das Ersuchen der kuwaitischen Regierung an die USA, die Tankerflotte unter den Schutz der amerikanischen Flagge zu stellen, eröffnete die letzte Phase des irakisch-iranischen Krieges, seine Internationalisierung, mit den entsprechenden Folgen für Iran. Die Führung in Teheran tat sich nach 1988 denn auch zunächst schwer, daß Verhältnis zu Kuwait wieder zu normalisieren. Erst der 2. Golfkrieg und die gemeinsame Gegnerschaft zu Irak ließen eine Verbesserung der bilateralen Beziehungen zu. Durch die verbal vollzogene Abkehr Rafsanǧānīs von jeglichen Exportabsichten der iranischen Revolution konnten sich die Al Sabah ihres schiitischen Bevölkerungsanteils wieder sicherer sein.

Trotzdem wirken die Ereignisse der vergangenen Dekade nach. Iran wandte sich vehement gegen das Militärabkommen Kuwaits mit den USA,[227] gefährdete ein derartiges Beispiel doch ureigene Pläne der Wiedererrichtung einer iranischen Dominanz im Golfgebiet. Auch die Fernsehauftritte ehemaliger schiitischer Insassen kuwaitischer Gefängnisse, die nach der irakischen Invasion befreit wurden, beeinflußten das Tempo der iranisch-kuwaitischen Annäherung negativ. Ihr Wortführer, Hoǧat-ol Eslām Sayyed Mohammad Baqr Mūsavī Mehrī, hatte im November 1990 in mehreren Sendungen des iranischen Fernsehens die "unmenschlichen Haftbedingungen" in kuwaitischen Gefängnissen angeprangert.[228] Der kuwaitischen Regierung ist jedoch gegenwärtig eindeutig an einer Verbesserung der Beziehungen zu Iran gelegen. Sie bat ihren iranischen Konterpart um "Verständnis für die außerordentliche Verwundbarkeit Kuwaits" und lud Rafsanǧānī in das Emirat ein, um in einem Gipfelgespräch noch vorhandene "Unstimmigkeiten" auszuräumen.[229]

Auf Grund der massiven Einmischungsversuche iranischer "Revolutionsexporteure" in die bahreinische Innenpolitik unmittelbar nach der iranischen Revolution war im Verhältnis zu dem Inselstaat eine erhebliche Verschlechterung eingetreten. Bahrein avancierte bis 1988 zu einem Knotenpunkt internationaler antiiranischer Aktivitäten im Persischen Golf. Das starke bahreinische Engagement im 1. Golfkrieg hatte zur Folge, daß die Insel von der nach dem 2. Golfkrieg zu beobachtenden Annäherung zwischen Iran und dem GCC am geringsten beeinflußt wurde. Die 1991 einsetzenden regelmäßigen wechselseitigen Besuche von Regierungsvertretern Irans und Bahreins[230] trugen zwar zu einer Lageberuhigung bei, ohne die Konfliktmasse zwischen beiden Ländern aber wesentlich zu verringern.

Die südlicher gelegenen Mitgliedsstaaten des GCC hatten während des 1. Golfkrieges generell eine Haltung an den Tag gelegt, die Kontakte zu Iran nicht abreißen zu lassen. Sie lagen weiter von den Brennpunkten des Krieges entfernt und wollten ihre lukrativen Handelsbeziehungen mit Iran nicht gefährden, die sie trotz der Kampfhandlungen im Golf fortsetzten. Bei diesem Herangehen spielte Oman eine Schlüsselrolle. Überdies mußte Sultan Qabūs kaum Befürchtungen hinsichtlich eines iranischen Revolutionsexportes in sein Land hegen. 75 Prozent der Staatsbürger hängen dem Ibadismus an, 20 Prozent bekennen sich zum Sunnismus. Nur vier Prozent der Einwohner mit staatsbürgerlichen Rechten sind erklärtermaßen Schiiten.[231] Aus diesen Faktoren erklären sich teilweise beträchtliche Interessenunterschiede zwischen Oman und seinen nördlichen Partnerstaaten im GCC.

Nach dem 2. Golfkrieg entwickelte sich Oman innerhalb des GCC zu einem expliziten Befürworter einer Sicherheitspartnerschaft mit Iran. Während eines Außenministertreffens des GCC am 14. September 1991 wandte sich der omanische Ressortinhaber u.a. scharf gegen antiiranische Vorhaltungen in der ägyptischen Presse und erklärte, Ägypten habe ein ähnliches "Recht" auf eine Verantwortungsübernahme im Golf wie Iran auf die Sicherung des Suez-Kanals. Gleichzeitig konnte er seine Amtskollegen davon überzeugen, die Arbeit an der Konzipierung von Eckpunkten einer Sicherheitspartnerschaft zwischen Iran und dem GCC fortzusetzen.[232]

In gegenüber Oman deutlich abgeschwächter Form konnten bis zum Sommer 1992 auch die Beziehungen zwischen Iran und den Vereinigten Arabischen Emiraten (VAE) als ausgewogen gelten. Insbesondere Dubai hatte von den fortgesetzten Handelsbeziehungen mit Iran während des 1. Golfkrieges erheblich profitiert. Die iranischen Übergriffe auf die Insel ʿAbū Mūsā in der zweiten Jahreshälfte 1992 trübten das Verhältnis allerdings zwischenzeitlich erheblich. Rafsanğānī mußte ein beträchtliches Maß an diplomatischer Kunstfertigkeit aufbringen, um die Wogen der Entrüstung, die ihm aus den VAE entgegenschlugen, zumindest oberflächlich zu glätten. Trotz des wiederaufgeflammten Mißtrauens der Vereinigten Arabischen Emirate hinsichtlich iranischer Hegemonieabsichten passen sie sich aber in die Gesamtpolitik des GCC gegenüber Iran ein.

So verbleibt noch Katar als weiterer südlicher Peripheriestaat mit dem permanent spürbaren Bestreben nach verwertbaren Kontakten zu Iran. Die Herrscherfamilie der Al Ṯānī weigerte sich beispielsweise, der US Marine ab 1987 Flottenbasen und andere logistische Einrichtungen zur Verfügung zu stellen. Selbst die Installation eines von der Regierung Japans bezahlten Navigationsüberwachungssystems an der Nordspitze Katars lehnte sie in der Endphase des irakisch-iranischen Krieges ab, um jegliche mögliche Provokation Irans zu vermeiden.

Als der Emir von Katar nach dem 1. Golfkrieg für ein Jahr turnusgemäß die Rolle des Vorsitzenden in der Versammlung der Oberhäupter der GCC-Staaten übernahm, nutzte er diese Funktion, um einer weiteren Annäherung des GCC an Iran den Weg zu ebnen.[233] Ende 1991 bereiste eine Regierungsdelegation Katars unter Leitung des Kronprinzen Iran für mehrere Tage und vereinbarte in Gesprächen mit den führenden Politikern in Teheran zahlreiche Details der weiteren politischen und wirtschaftlichen Zusammenarbeit.[234] Das größte der verabredeten Einzelprojekte beinhaltete dabei den Bau einer Frischwasserpipeline vom iranischen Karūn-Fluß nach Katar mit einem Investitionsvolumen von 13 Md. $.[235] Auch den Al Ṯānī ist jedoch nach den Zwischenfällen von ʿAbū Mūsā im Sommer 1992 daran gelegen, die Zugehörigkeit zum GCC zu stärken und vor weiteren Absprachen mit der Regierung Irans deren zukünftiges Verhalten zu beobachten.[236]

Gegenüber Irak hatte sich eine Verbesserung der iranischen Position sogar schon vor dem 2. Golfkrieg angedeutet. In einem Briefwechsel stimmten die beiden Präsidenten Rafsanǧānī und Ṣadām Ḥusain schon im Frühjahr 1990 ihre sehr ähnlichen Positionen hinsichtlich der Erdölpreisgestaltung in der OPEC ab. An immer untrüglicheren Indizien erkannte Rafsanǧānī, daß der irakische Präsident nahezu zu jedem Zugeständnis bereit wäre, um für ein weiteres militärisches Abenteuer den Rücken frei zu haben.

Ab Mai 1990 forderte Rafsanǧānī nach längerer Pause wieder das Eingeständnis der Schuld am 1. Golfkrieg durch Irak, die Bereitschaft zur Zahlung von Reparationen, die Wiederanerkennung des Algier-Abkommens und den Austausch der Kriegsgefangenen.

Im August 1990 gab Ṣadām Ḥusain mit leichter Hand hin, wofür er und sein Land angeblich acht Jahre lang erbittert gekämpft, wofür Hunderttausende seiner Landsleute ihr Leben gegeben hatten und die Zivilbevölkerung darbte. Iraks Präsident blieb auf Grund seiner gravierenden Fehlkalkulation vom 2. August 1990 kaum eine andere Wahl, als sich der Duldung durch seinen ehemaligen Kriegsgegner zu versichern.

Wieder einmal bestimmten so nicht panarabisches oder panislamisches Sendungsbewußtsein das Handeln der Herrschenden, sondern letztlich pragmatische Machterwägungen. Am 15. August 1990 zog Ṣadām Ḥusain seine Truppen bedingungslos aus 1988 besetzten iranischen Territorien zurück, stimmte dem vollständigen Austausch der Kriegsgefangenen zu und setzte den von ihm am 17. September 1980 annullierten Vertrag von Algier wieder in Kraft.

Anfang September schickte er seinen damaligen Außenminister Ṭāriq Azīz nach Teheran, um den eingeleiteten Annäherungsprozeß zu vertiefen. Dessen

Aufenthalt war von einer Vielzahl subtiler Demütigungen begleitet, die zu anderer Zeit einen außenpolitischen Eklat herbeigeführt hätten.

Der irakische Außenminister mußte die Rechtmäßigkeit iranischer Reparationsforderungen anerkennen, auch wenn er seine Gesprächspartner mit der augenblicklichen irakischen Zahlungsunfähigkeit konfrontierte. Auch ein Eingeständnis der Kriegsschuld seines Landes erklärte er nicht mehr für völlig abwegig. Nicht genug damit, gaben ihm seine iranischen Gastgeber noch die Forderung mit auf den Weg, iranischen Pilgern den freien Zugang nach Naǧaf und Karbala einzuräumen und die in Irak stationierten oppositionellen iranischen Verbände der Moǧāhedīn-e chalq zu internieren.

Dennoch nahmen beide Staaten am 20. September 1990 ihre diplomatischen Beziehungen wieder auf. Iran revanchierte sich mit der Verurteilung der alliierten Truppenpräsenz in der Region und der Duldung eines florierenden Schmuggels lebenswichtiger Güter nach Irak bei gleichzeitiger formeller Beteiligung am von der UNO gegenüber Irak verhängten Handelsboykott.

Wie bereits angeführt, war wohl der Tiefpunkt irakischer Subordination erreicht, als Ṣadām Ḥusain den ehemaligen Kriegsgegner bitten mußte, den effektivsten Staffeln der irakischen Luftwaffe auf seinem Territorium Asyl zu gewähren, um sie vor der sicheren Zerstörung durch die alliierten Streitkräfte zu bewahren. Rafsanǧānī schraubte bei dieser Gelegenheit die Reparationsforderungen seines Landes auf 1000 Md. $. Iran schien damit den Krieg gegen Irak zu einem Zeitpunkt zu gewinnen, an dem die Waffen schon seit zwei Jahren schwiegen.

So bereitwillig die iranische Führung auch die "Geschenke" des vormaligen Gegners entgegennahm, so unmißverständlich machte sie auch deutlich, daß das keineswegs die gütliche Einigung bedeute. Āyatollāh Chāmeneʾī erklärte in seiner Eigenschaft als Faqīh eindeutig: "Solange kein Friedensvertrag unter UNO-Schirmherrschaft unterschrieben ist, bleibt Irak technisch gesehen unser Feind."[237]

Es sollte so bei der Bewertung mittelfristiger Perspektiven des irakisch-iranischen Verhältnisses nicht unbeachtet bleiben, daß die weiterhin nicht erfüllte Resolution Nr. 598 des UNO-Sicherheitsrates, besonders hinsichtlich der Feststellung des Aggressors bzw. der Kriegsschuldfrage aber auch der ungeklärten gegenseitigen Reparationsforderungen wie generell der fortbestehenden wesentlichen Kriegsziele beider Parteien genügend Konfliktstoff bieten, um die Auseinandersetzungen zwischen Irak und Iran wieder aufflammen zu lassen, wenn es einer der beiden Seiten oder beiden opportun erscheint.

Anthony Cordesman zog schon vor dem 2. Golfkrieg ein pessimistisches Resümee bezüglich der zukünftigen Beziehungen zwischen beiden Ländern.

> "Regardless of what regime is in power in either country, it is virtually certain that Iraq and Iran will continue to drive the arms race in the region during the next decade, as they have since the late 1960s. Even the best peace between Iraq and Iran is unlikely to prevent a continuing

political struggle between the two states and a continuing struggle for influence over the southern Gulf states."²³⁸

Die Folgen der Kuwaitkrise modifizierten die Feststellung zwar in bezug auf Irak, in der Quintessenz blieb ihr Wahrheitsgehalt aber bedauerlicherweise erhalten.

Trotzdem ist Shireen Hunter im wesentlichen zuzustimmen, wenn sie für die iranische Außenpolitik während und nach dem 2. Golfkrieg in Bezug auf die arabischen Nachbarstaaten folgendes Fazit zieht:

> "Iran's policy of neutrality gained it considerable international credit. Its support for Kuwait's sovereignty helped it with the Gulf Arabs. Its efforts to find a peaceful solution to the crisis until the last minute in order to save Iraq from destruction helped it with many other Arabs and Muslims... Moreover, despite rumours that Iran instigated Shi'ite rebellion in southern Iraq and despite considerable domestic pressure for Iran to intervene on behalf of the Shi'ites there, Iran remained essentially aloof from Iraq's internal disturbances, a policy which, coupled with more active diplomacy, helped it improve its relations dramatically with most European countries."²³⁹

Auch hinsichtlich seiner nördlichen und östlichen Nachbarstaaten begann sich das iranische Verhältnis zu verbessern. Die iranische Regierung verfolgte eine aktive Politik in Bezug auf die Wiederbelebung der traditionellen Beziehungen zu seinen Nachbarn Türkei und Pakistan. Der mit dem Sturz des Schahs aufgelöste trilaterale Wirtschaftspakt Regional Cooperation for Development (RCD) wurde mit der Gründung des Economic Cooperation Councils (ECC) 1990 wiederbelebt. Wenn die politischen Beziehungen Irans zum ECC-Mitglied Türkei auch widersprüchlich blieben, da beide unterschiedliche Interessen im ehemaligen sowjetischen Mittelasien artikulierten, so absorbierte die Festigung des Verhältnisses zu Pakistan doch einen guten Teil des außenpolitischen Elans Irans. Spitzenpolitiker beider Länder tauschen regelmäßig ihre Meinungen zu bilateralen, regionalen und globalen Fragen aus, die "Zentren für Strategische Studien" beider Länder tagten am 17. August 1991 erstmals gemeinsam.²⁴⁰

Die Ausweitung der iranischen Beziehungen zu Pakistan und der Türkei kann aber auch in einem größeren Maßstab der veränderten außenpolitischen Schwerpunktsetzung der iranischen Regierung gesehen werden. Durch den Zusammenbruch der Sowjetunion entstand in Mittelasien ein politisches Vakuum, das die bestehenden und die aus der "Konkursmasse" der UdSSR neu entstandenen Staaten zu füllen bestrebt waren. Bei aller Annäherung Irans an die arabischen Golfanrainerstaaten wurde bald ersichtlich, daß jene unüberwindliche Grenzen setzten. Jeglicher Vorstoß aus Teheran, gemeinsame Sicherheitspartnerschaften einzugehen, wurden von der Gegenseite abgeblockt. Wenn der GCC selbst ägyptische und syrische - also arabische - Truppen nicht permanent auf seinem Gebiet duldete, dann konnte in der iranischen Hauptstadt daraus nur abgeleitet werden, daß kein GCC-Mitgliedsstaat Iran jemals

Mitspracherecht bei seiner Sicherheit einräumen würde.[241] Die Regierung Irans ging deshalb mehr und mehr dazu über, sichtbaren außenpolitischen Erfolg in Mittelasien zu suchen.[242]

Der stellvertretende Außenminister Malekī erklärte sehr deutlich, daß Iran in dem arabisch dominierten politischen System des Nahen und Mittleren Ostens wohl auch weiterhin nur eine marginale Rolle spielen und sich daher als Hauptakteur in das neu zu bestimmende mittelasiatische Subsystem einbringen werde.[243] Natürlich ist dabei davon auszugehen, daß die iranische Regierung bestrebt sein wird, bei der Rollenverteilung mit beträchtlichem Engagement zu Werke zu gehen, Differenzen mit anderen Konkurrenten - z.B. der Türkei - sind dabei nicht zu übersehen.

Die nationalstaatlichen Ambitionen Irans werden aber auch aus mindestens ebenso gewichtigen Motiven gespeist. Im Vielvölkerstaat Iran leben die hauptsächlichen Minderheiten an den Randzonen des zentraliranischen Hochlands. Mit Mühe unterband die Zentralregierung starke zentrifugale Bestrebungen der Minderheiten unmittelbar nach der Revolution und stärkte die Kohäsion während des 1. Golfkrieges. Im Frieden muß sie darauf achten, den Vielvölkerstaat weiter beisammen zu halten. Deshalb das betonte Bekenntnis zum Nationalstaat Iran und die vehemente Ablehnung einer Teilung Iraks oder der Etablierung eines Kurdenstaates.

Sprachlicher und ethnischer Nähe zu einigen Staaten Mittelasiens stehen gleichwertige Unterschiede, z.B. im religiösen Bereich, gegenüber. Trotz der über 14 Millionen in Iran lebenden Āzerīs (bei nur 7,1 Millionen in Aserbaidshan) intervenierte Iran im armenisch-aserbaidshanischen Konflikt nur verhalten. Im Gegenteil, die kompakte eigene Āzerī-Bevölkerung wurde im Frühjahr 1993 aus der Provinz Ost-Aserbaidshan in die Provinzen Tabrīz und Ardebīl aufgesplittert.[244]

Die überzeugenden Argumente gegen eine iranische Destabilisierungspolitik in Mittelasien brachte die Teheraner Regierung auch in eine günstige Position gegenüber Moskau. Die schon während des 1. Golfkrieges neu angeknüpften Beziehungen zur Sowjetunion erfuhren mit Rußland eine Fortsetzung. Trotz des außenpolitischen Slogans "Weder Ost noch West" hatte die iranische Regierung schon 1986 wieder offizielle Direktgespräche mit der Sowjetunion aufgenommen. Man erhoffte sich eine Brechung des irakischen Einflusses in Moskau, Hilfe bei den wirtschaftlichen Problemen, diplomatische Unterstützung gegen die USA auf internationalem Parkett und verstand die Annäherung generell als Antwort auf die Verschlechterung der Beziehungen zum Westen und zu den arabischen Nachbarn.[245]

Iran verabschiedete den auf die UdSSR gemünzten Begriff des "zweiten Satans" aus dem außenpolitischen Vokabular und verminderte seine Einflußnahme in Afghanistan. Im Februar 1989 besiegelten der damalige sowjetische Außenminister Shewardnadse und Āyatollāh Chomeinī das gute Verhältnis in Teheran, unmittelbar nach dem Tod des Revolutionsführers reiste Rafsanğānī

im Juni 1989 nach Moskau.²⁴⁶ Als im Januar 1990 sowjetische Truppen die schiitische Rebellion in Aserbaidshan gewaltsam unterdrückten, äußerte der iranische Präsident lediglich "tiefes Bedauern" und blieb neutral.²⁴⁷
Auch im Fall Tadshikistans unterstützte die iranische Regierung wider Erwartens nicht die islamischen Rebellen gegen die auf Rußland fixierte Regierung. Offensichtlich genießt gegenwärtig die Schaffung von Stabilität für die Stärkung der Islamischen Republik tatsächlich Vorrang vor Einladungen zum Revolutionsexport, wird Moskau außenpolitisch um so höheres Gewicht beigemessen, wie sich die Beziehungen zu den USA verschlechtern.
Wenn die verbesserten Beziehungen Irans zur Sowjetunion bzw. Rußland de facto noch die "Weihen" Chomeinīs erhielten, so blieb das Verhältnis zum "Großen Satan" USA weiterhin unterkühlt. Die außenpolitischen Erneuerer in den Teheraner Ministerien erkannten klar, daß hier die Zumutbarkeitsgrenze bei ihren Gegnern lag. Schon bis zu diesem Punkt war Außenminister Velāyatī permanent in Erklärungsnot geraten, als er parlamentarische und Presseanfragen zur Annäherung an bisher abgelehnte "unislamische" Regimes beantworten mußte. Fast entschuldigend erklärte er in einem Interview mit dem Teheraner Wochenmagazin "Sorūš", daß die Wiederaufnahme diplomatischer Beziehungen keinesfalls Freundschaft bedeute oder das Fehlen jeglicher Differenzen.
Geschickt argumentierend begründete er das Aufeinanderzugehen Irans und der Mitgliedsstaaten des GCC mit den Worten:

> "Wir haben immer geglaubt, daß Ṣadām Ḥusain ein Aggressor ist, dem kein Vertrauen zukommt. Mindestens sein Aggressionspotential mußte zerstört werden...Heute haben der Westen und die Staaten der Region die Wahrhaftigkeit unserer Einschätzung offiziell und inoffiziell zugegeben."²⁴⁸

Im Grundtenor blieb er aber stets bei der 1988 getroffenen Feststellung:

> "...the objective of the slogan 'Neither East nor West' is the negation of alien domination and not snapping of communications."²⁴⁹

Für derartige Äußerungen schuf er sich durch antiamerikanische Polemik Freiräume. Er verdammte die "unipolare Weltordnung der Gegenwart" und äußerte seine feste Überzeugung, daß die Differenzen zwischen den USA, Europa, Lateinamerika und "dem Süden" spätestens in zehn Jahren so mächtig geworden seien, daß mehrere Machtzentren den dominanten Einfluß der USA eindämmen würden, und "wir wieder Luft zum Atmen bekommen"²⁵⁰. In einem derartigen Klima müssen selbst (meist indirekte) Handelskontakte die Verborgenheit suchen, nur unausweichliche Zugeständnisse der iranischen Regierung, wie die Entschädigung an die AMOCO über 600 Millionen $ für enteigneten Besitz auf der Insel Charq (AMOCO hatte iranische Erdölexporte auf dem Weltmarkt massiv behindert), gelangten überhaupt an die Öffentlichkeit.²⁵¹

Da die USA-Administration ihrerseits kaum Ambitionen zeigt, aktiv auf eine Verbesserung der Beziehungen zu Iran zu drängen, scheint die iranisch-amerikanische Animosität mittelfristig eine stabile außenpolitische Größe zu bleiben. Shireen Hunter äußerte Bedauern, daß die USA-Regierung auf den vermeintlichen Sieg der "Pragmatiker" bei den iranischen Parlamentswahlen von 1992 kaum reagierte. Sie konstatierte:

"The basic U.S. attitude toward Iran ... has boiled down to a single proposition: in the post cold war era Iran is no longer important and if the United States waits long enough the Iranians will have no choice but to come back on American terms. If recent changes in Tehran have created new opportunities to begin some movement in the direction of ending U.S.-Iranian hostility, Washington has not fashioned a response."[252]

Die Antwort erfolgte 1994 vielmehr in Gestalt einer amerikanischen Kampfansage. Der nationale Sicherheitsrat konzipierte in Washington eine Politik des "dual containment" gegenüber Iran und Irak, die den Segen des Präsidenten erhielt. Wenige Monate später verfügte Präsident Clinton zudem noch ein vollständiges Handelsembargo gegenüber Iran. Offenbar erschien es ihm vernachlässigbar, daß durch eine derartige Politik in Iran die Gegner einer friedlicheren Außenpolitik wieder Aufwind erhielten.

Retardierende Momente

Nicht von ungefähr handelte es sich bei den Gegnern um die gleichen Kräfte, die auch den Wirtschaftskurs Rafsanğānīs zu sabotieren trachteten.

Die Anhänger der radikalen "Linie des Imām" sind in Iran zwar gegenwärtig partiell in den Hintergrund gedrängt worden, bei einem Scheitern der Politik Rafsanğānīs stünden sie aber voraussichtlich wieder an den Schalthebeln der Macht. Schon jetzt darf sich der Präsident keinesfalls Blößen vor seinen innenpolitischen Gegnern geben, die ihm permanent vorwerfen, das Erbe Chomeinīs preiszugeben. Für diese Widersacher bedeutete bereits die Normalisierung der Beziehungen zu den arabischen Golfstaaten die Gefahr, "erneut zu einer Geisel der USA zu werden"[253]. Chomeinīs Sohn Aḥmad betonte, daß niemand berechtigt sei, eigenmächtig Interpretationen an den Ansichten des Imām über eine richtige Außenpolitik vorzunehmen oder diese gar zu bezweifeln.[254] Der einflußreiche Vertreter Mašhads im iranischen Parlament, Qorbanalī Sālehabādī, bedeutete gegenüber der Tageszeitung "Resālat", die Wiederaufnahme diplomatischer Beziehungen zu Großbritannien und Saudi-Arabien "rieche nach einem Zurückweichen vor den Gegnern des Islam, nach unentschuldbarer Passivität hinsichtlich der Forderungen des Imām"[255].

Die Mitglieder und Sympathisanten der Anğomān-e Rohanyūn beharren dagegen auf der Beibehaltung der außenpolitischen Prinzipien, die unmittelbar im Ergebnis der Revolution entstanden waren:
- Unabhängigkeit von Ost und West,

- Hauptfeind sind die USA,
- Kampf gegen die Supermächte und den Zionismus,
- Unterstützung aller "unterdrückten" Völker,
- Befreiung Jerusalems.[256]

Vergeblich bemühten sie sich nach dem Ende des Krieges mit Irak um eine Stellungnahme desjenigen, dessen "Linie" sie zu verteidigen vorgaben. Chomeinī lag zu jenem Zeitpunkt primär an einer umfassenden Stärkung der Kräfte um Rafsanǧānī. Bewußt ließ er deshalb auch außenpolitische Passagen in seinem Vermächtnis doppeldeutig und auslegbar.[257]

Auch wenn der Imām ihnen in dieser Frage die unmittelbare Hilfe versagte, so zweifelten die Gegner Rafsanǧānī's doch nie am generellen Fortbestehen des *tovhīd*-Prinzips in der Außenpolitik.

Souveränität kann demnach nur von Gott ausgehen, der ständige Kampf zwischen "Gut" und "Böse" läßt kaum Raum für Kompromisse.[258] Gottes Willen durchzusetzen, erschien ihnen ungleich wichtiger als die Einhaltung von Völkerrechtsnormen, die durch westliche Vorstellungen diktiert seien.[259] Mohtašemī, Choʿenī, Ahmad Chomeinī, der zeitweilige Parlamentspräsident Karrūbī und andere ließen sich deshalb in ihrer unversöhnlichen Haltung auch nicht beirren. Sie hatten der Islamischen Republik zum Teil als Botschafter und Gesandte gedient und fühlten sich berufen, ihre außenpolitische Expertise auch in die Periode nach dem Waffenstillstand mit Irak einzubringen.

Immerhin unterhielten sie ausgezeichnete Kontakte zu islamischen Bewegungen im Ausland. Das Aufgeben des Revolutionsexports galt ihnen als unannehmbar, als eklatanter Verrat an der "Linie des Imām".

> "...even though Iran had been compelled to accept a cease-fire with Iraq and continued to be threatened by a military superior alliance led by the United States, there were many opportunities to aid the forces of Islam in other countries. They pointed to the Palestinian intifadah and the Hezbullah ... as movements that should be supported by the forces of the Islamic revolution."[260]

Sie wurden nicht müde, die iranische Unterstützung für islamische Kräfte in Ägypten, Sudan, Afghanistan und in Mittelasien anzumahnen, die sie als "natürlicher" deklarierten als die Rolle der außerregionalen Macht USA im Nahen und Mittleren Osten. Für die in der Anǧoman-e Rohanyūn vereinigten Geistlichen führte eine gerade Linie von der Kooperation der USA mit dem Schah über die Unterstützung Iraks im 1. Golfkrieg, die Hilfe für Israel bis hin zur Dominanz auf der Arabischen Halbinsel und die diplomatische und wirtschaftliche Unterwerfung Ägyptens.

Der 2. Golfkrieg geriet zum Schauplatz des offenen Kräftemessens zwischen den beiden Richtungen der iranischen Außenpolitik. Karrūbī, Ahmad Chomeinī, Chalchalī und andere sprachen sich im Sommer 1990 vehement gegen die Stationierung westlicher Truppen auf der Arabischen Halbinsel aus. Sie forderten die "islamischen Brudervölker" auf, sich gegen die Eindringlinge zu erheben. Es spricht für einige Konfusion in ihren Reihen, wenn Chalchalī und Mohtašemī andererseits schon unmittelbar nach dem irakischen Einmarsch in Kuwait von Präsident Rafsanğānī verlangten, sofort die nun von Truppen entblößte Grenze zu Irak zu überschreiten.

Trotz der offiziell neutralen Haltung Irans veranlaßte ihr Druck aber immerhin den "politischen" Faqīh Chāmeneʿī, am 13. Oktober 1990 zum *ğihād* gegen die westlichen Truppen aufzurufen. 160 Parlamentarier feierten die Botschaft mit stehenden Ovationen.[261] Es gelang dem Präsidentenlager allerdings, die Wirkung des Aufrufs zu paralysieren. Rafsanğānī und selbst Chāmeneʿī taten alles, um den *ğihād*-Aufruf zu unterlaufen. Zur Ablenkung luden sie namhafte Organisatoren der islamischen Opposition aus aller Welt nach Teheran ein, um mit den "potentiellen politischen Führern ihrer Länder" nach Wegen zu suchen, wie die Kuwaitkrise einer politischen Gewichtszunahme des Islam am dienlichsten sein könnte.[262]

Rašīd Ġānūšī, im Exil lebender Führer des islamistischen Untergrundes in Tunesien und somit Sunnit erklärte bei dieser Gelegenheit erstaunlicherweise, daß Iran als Modell für die islamische Welt dienen könne.[263] Aus den gleichen Gründen organisierte man in Teheran auch pomphafte Feierlichkeiten zum 3. Jahrestag der Intifāda.

Rafsanğānī und Chāmeneʿī untergruben so nicht zuletzt auch den Anspruch des irakischen Präsidenten, zum unumstrittenen Führer islamischer und antiwestlicher Emotionen zu avancieren. Für den Faqīh war damit der Hauptzweck seines Aufrufs erreicht.

Mit dem Beginn der alliierten Bodenoffensive starteten die Regierungsgegner allerdings einen erneuten Versuch, die Initiative zu übernehmen. Im Parlament forderten Chalchalī, Karrūbī und andere, nun "dem irakischen Volk gegen das 'größere Übel USA' militärisch beizustehen"[264]. Für den 21. Januar riefen sie zu einer Massendemonstration auf, um ihrem Bestreben Nachdruck zu verleihen. Nur 3000 Personen folgten dem Ruf[265] und ließen die Initiative versanden. Die Mehrheit der iranischen Bevölkerung lehnt offensichtlich neue militärische Abenteuer nach wie vor strikt ab.

Damit blieben die Wirkungsmöglichkeiten der Reformgegner auf außenpolitischem Terrain eingeschränkt. Während sich die Regierung in der unruhigen Region weiter als Stabilisator profiliert, wird das Betätigungsfeld der "Revolutionsexporteure" regierungsseitig eingeengt bzw. auf entferntere Länder gelenkt. Allerdings kann weiterhin nur spekuliert werden, ob und inwieweit die Vorteile der Regierung auf außenpolitischem Gebiet die Nachteile, die sie im Kampf mit ihren innenpolitischen Gegnern im Wirtschaftsbereich hinnehmen mußte, kompensieren.

Außenminister Velāyatī zog 1995 zumindest ein widersprüchliches Resümee sechsjähriger iranischer Außenpolitik unter Präsident Rafsanğānī.

"Wir können nicht behaupten, unsere außenpolitischen Ziele vollständig erreicht zu haben. Wir haben versucht, eine Außenpolitik auf der Basis islamischer Prinzipien zu entwickeln. Das ist uns auf die eine oder andere Weise sogar von anderen Ländern nahegelegt worden. Mit anderen Worten, sie sagen, die Außenpolitik der IRI solle nicht nur iranische Interessen, sondern solche der gesamten islamischen Welt vertreten. Aber unsere Außenpolitik und unsere außenpolitischen Beziehungen sind jung. Wir benötigen mehr Erfahrung und müssen unsere Ziele besser koordinieren...Unsere vorderste Frontlinie ist die politisch-publizistische Linie. Wenn wir Erfolg haben, uns in der politischen Propagandaszene zu behaupten, vermeiden wir den Zwang, uns an der militärischen Front zu engagieren."[266]

Der iranische Außenminister skizzierte mit letztgenannter Behauptung zumindest eine interessante Alternative zum militärischen Revolutionsexport, aber auch der Erfolg seiner Überlegungen wird letztlich vom Durchsetzungsvermögen des politischen und wirtschaftlichen Liberalisierungskurses in Iran abhängen.

Das Konfliktverhalten beim Scheitern der Liberalisierung

Ein wesentlicher Aspekt der iranischen Revolution von 1979 stieß bei seinen nahen und entfernteren Nachbarn auf besonderes Mißtrauen - die latente Tendenz, die Revolution zu exportieren. Das nach 1979 in Iran manifestierte Staatsverständnis Āyatollāh Chomeinīs beinhaltete stets auch den Anspruch eines islamischen Universalismus, d.h. das Ziel, die islamische Erneuerung in Iran zum Ausgangspunkt der letztlich weltweiten Geltendmachung des Islam zu gestalten.

Chomeinī sah die Revolution weniger als Prozeß sozio-ökonomischer und politischer Veränderungen, sondern als eine beim Individuum beginnende und danach die gesamte Gesellschaft erfassende Evolution zu Gott.[267] In dieser Idealform spielten nationale Erwägungen keine Rolle, jeder muslimische Revolutionär sollte seine höchste Aufgabe darin sehen, Chomeinīs Credo zum Durchbruch zu verhelfen. Der universelle Anspruch gehört somit zu den Grundpfeilern der islamischen Revolution und des auf ihr fußenden Staates Iran.

Keine der bisherigen Regierungen, keiner der bisherigen Machthaber war deshalb bisher in der Lage, diese Strategie offiziell aufzukündigen. In der "heißen" Phase revolutionären Enthusiasmus' versuchte die iranische Führung zunächst sogar, den revolutionären Schwung direkt in Nachbarstaaten wie Saudi-Arabien, Bahrein, Irak und Libanon zu tragen. Sie scheiterte kläglich, hinterließ aber das erwähnte grundsätzliche Mißtrauen der Betroffenen vor einer Neuauflage des Versuchs.

Für Farhang Rağā'ī krankte das Unterfangen primär daran, daß die iranischen Bekehrungsversuche ihren Ausgang in einem Nationalstaat nahmen. Auch die iranische Revolutionsführung war den Regeln des internationalen Systems unterworfen, und wo sie sie durchbrach, geriet sie prompt in die Isolierung.[268] Die Regierungen der Golfstaaten, Iraks, Libanons und anderer Nachbarn betrachteten den iranischen Anspruch deshalb auch in erster Linie als nationales Vormachtstreben und nicht als Quelle religiöser Erneuerung, zumal aus einem Land mit schiitischer Staatsreligion.

Das Scheitern des militärischen Revolutionsexports und den Vorwurf des Nationalismus nahm die pragmatischere Nach-Chomeinī-Führung zum Anlaß, nach einer neuen Taktik zu suchen. Kongruent mit dem Bestreben, die Kriegswunden zu heilen, die Wirtschaft zu beleben und Iran als Staat in den Mittelpunkt der Anstrengungen zu stellen, propagierte sie den Revolutionsexport nun als Aufgabe iranischer Beispielsetzung (*madīneye nemūne*). In dem Maße wie die iranische Revolution sich selbst vervollkommnete, würde sie auch auf Muslime in anderen Staaten ausstrahlen.

Die neue Taktik spiegelt sich auch in der iranischen Fachliteratur wider. Ḥossein Saifzādeh beteuerte, jegliche nationale Strategie habe nur dann Sinn, wenn sie das dialektische Verhältnis zwischen Realität und Idealen berücksichtige. Die bestehende internationale Arena müsse mit allen ihren Regeln als Expeditionsfeld der iranischen Außenpolitik angesehen werden und nicht imaginäre "Wolkenschlösser".[269] Mohammad Ḥasan Fayāẓī untersuchte mit ähnlichem Anspruch die Faktoren, die das "Durchsetzungsvermögen der Ziele der islamischen Revolution verbessern können" und sprach sich ebenfalls dafür aus, die bestehende Welt als Tatsache zu akzeptieren und die Durchsetzung eigener Interessen nur bei Beachtung ihrer Regeln zu erwarten.[270] Berücksichtigung von Verhältnissen und Regeln bedeutet u.a. auch, die Schaffung eines islamischen Einheitsstaates in das Reich der Phantasie zu verbannen, da selbst Länder mit muslimischer Bevölkerungsmehrheit über starke nationale Identitäten verfügen, ein Einheitsstaat also nur unter Zwang etabliert werden könnte.[271] Die gegenwärtige iranische Führung betont deshalb folgerichtig, die international anerkannten Grenzen zu achten (mit Ausnahme Israels), beispielhaft zu wirken und bestenfalls die eigenen Ideen, Vorstellungen und Errungenschaften im Sinne von Außenminister Velāyatī "besser zu propagieren".

Am äußersten Ende dieses Spektrums finden sich immerhin schon Stimmen, die auch die grundsätzliche außenpolitische Ausrichtung Irans nicht länger für sakrosankt halten. Der Staatsrechtler ʿAlī Qavām wies z.B. auf den engen Zusammenhang zwischen nationalen Interessen und den Strukturen des politischen Systems eines Landes hin. Er bezeichnete nationale Interessen als Endprodukt und Resultat der Reaktionen zwischen politischem System und seiner Umwelt. "Das politische System kann in die Lage kommen, keine andere Wahl zu haben, als die Ziele und nationalen Interessen neu zu definieren, wenn sich die Umweltbedingungen geändert haben."[272] Ohne es explizit auszusprechen, deutete er damit immerhin an, daß die nationalen Interessen Irans nicht grundsätzlich und auf alle Zeit mit denen der Geistlichkeit deckungsgleich sein müssen. Qavāms unorthodoxe Haltung stellt allerdings selbst in iranischen Fachpublikationen noch die seltene Ausnahme dar.

Gleiches kann vom Gegenpol nicht behauptet werden. Je größer die Schwierigkeiten der Pragmatiker geraten, ihre wirtschaftlichen und politischen Zielsetzungen umzusetzen, je nachhaltiger tritt wieder jene Fraktion in den Vordergrund, die permanent fordert, zu den "Ursprüngen der Revolution" zurückzukehren, und zwar so, wie sie sie versteht. Das schließt das Credo vom Export der Revolution ein. Unter ihrem Druck rückt selbst Chāmeneʿī immer stärker vom Konzept der Regierung ab und spricht sich für eine wachsende Radikalisierung und Islamisierung der Außenpolitik aus.

Ähnlich wie der Faqīh hoffen viele Geistliche, mit einer Rückkehr zum "Chomeinīsmus", dem schwindenden Rückhalt in der Bevölkerung Einhalt zu gebieten.[273] Das Wiederaufleben bzw. die Rückkehr zu den ideologischen Imperativen der Revolution würde für diese Kräfte jede Methode rechtfertigen, wenn es gilt, eine Bedrohung ihres Einflusses abzuwehren oder der Ideologie selbst zum Durchbruch zu verhelfen.[274] Für viele Exiliraner bedeutet dieser Standpunkt "religiösen Chauvinismus", der den Nationalstolz und die Heimatliebe der Iraner ausnutzt, um Partikularinteressen zu befriedigen und den Machterhalt zu sichern.[275]

Die offensichtlichen Widersprüche in den außenpolitischen Zielsetzungen und insbesondere in den Methoden zwischen den verschiedenen Fraktionen der geistlichen Führung Irans haben unterdessen längst die Sphäre taktischer Differenzen verlassen. Es hat den Anschein, als stünde selbst der grundsätzliche geistliche Konsens vor dem Ende, der immer dann wirksam wurde, wenn ihre Gesamtherrschaft zur Disposition stand. Die iranische Revolution hat ein Stadium erreicht, in dem die gegenwärtigen Widersprüche tiefverwurzelte Dichotomien hinsichtlich fundamentaler Fragen wie der Identität Irans und seiner Revolution, den Erfordernissen der Modernisierung und dem Bestreben nach kultureller und religiöser Eigenständigkeit, wirtschaftlicher Effektivität und sozialer Gerechtigkeit reflektieren.[276]

Die Auseinandersetzungen um den Liberalisierungskurs stellen dabei eine wesentliche Ausdrucksform der beschriebenen Widersprüche dar. Sollte er am Ende doch von Erfolg gekrönt sein, d.h. über das Stadium der politischen und wirtschaftlichen Partizipation als systemerhaltende Ventilfunktion hinaus in demokratische Verhältnisse münden, hätte das ohne Zweifel weitreichende Folgen für das zukünftige iranische Konfliktgebaren.

Die internationale Konfliktursachenforschung, die sich im englischsprachigen Bereich um Namen wie Kende, Singer, Small, Rummel, Rustow, Wallersteen u.a. rankt, erhielt durch deutsche Forscher wie Gantzel, Siegelberg, Rittberger, Kippenberg und Senghaas wichtige Anregungen. Ohne daraus ein Gesetz zu formulieren, kamen sie im Ergebnis langwieriger empirischer Untersuchungen zu der Schlußfolgerung, "daß demokratisch verfaßte Gesellschaften untereinander merklich weniger kriegsanfällig sind, ... was der hoffnungsvollen regulativen Idee in Immanuel Kants 'Zum ewigen Frieden' (1795) entspräche"[277]. Jens Siegelberg formulierte noch eindeutiger:

> "Denn die Hoffnungen auf eine Beendigung der Kriege, sei es im Innern oder zwischen den Staaten, lassen sich in einem Begriff zusammenfassen: Demokratisierung. Seit Kant, der in der demokratischen Verfassung die einzige Möglichkeit sah, zum ewigen Frieden zu gelangen, knüpfen sich die Friedenserwartungen völlig zu Recht an demokratische Entwicklungen in Innern wie zwischen den Staaten."[278]

Bisherige Untersuchungen belegen allerdings auch, daß sich der Zusammenhang zwischen Demokratie und Frieden empirisch nur auf Beziehungen zwischen demokratischen Staaten festlegen ließ. Demokratien per se waren auch nach dem 2. Weltkrieg in eine Reihe von Kriegen und militärischen Konflikten verwickelt, seien es Kolonial- und Postkolonialkriege, "Bestrafungsaktionen" oder Kriege an der Peripherie des Ost-West-Konflikts. Ein demokratischer Staat Iran allein dürfte deshalb keine Gewähr für Frieden in der Region sein, aber zweifellos wäre ein erster wichtiger Grundstein für den regionalen Frieden gelegt.

Bekanntlich ist jedoch zum gegenwärtigen Zeitpunkt weitgehend unklar, ob der iranische Liberalisierungsprozeß in absehbarer Zukunft dieses Stadium erreichen wird. Noch dient er eindeutig dazu, den Druck auf die Führung zu mindern, Handlungsfreiräume zu schaffen und das klerikal dominierte Gesellschaftssystem auch unter geänderten inneren und äußeren Bedingungen zu bewahren.

Der iranische Staat zeigt sich schwach, nicht etwa in bezug auf seine militärische Kapazität, sondern hinsichtlich seiner Verankerung in der Gesellschaft, seiner Legitimität. Damit geht auch ein deformiertes Sicherheitskonzept einher. Sicherheit wird in erster Linie als Sicherheit für das Regime bewertet und erst in zweiter Linie für die gesamte Gesellschaft.[279] Im Regelfall öffnet sich eine breite Kluft zwischen diesen beiden Sicherheitsbedürfnissen.

Die mit Nachdruck betriebene Sicherheitspolitik des Staates hat "Überleben" zum Ziel, nicht "Kooperation".[280] Äußere und innere Bedrohungen werden deshalb häufig eindimensional perzipiert, die Hemmschwelle für die gewaltsame Konfliktlösung bleibt wesentlich niedriger als etwa bei der Bedrohung der gesamten staatlich verfaßten Gesellschaft.

Eine konsequent betriebene Liberalisierungspolitik kann die beschriebene Kluft allerdings überbrücken helfen. Indem das Regime Umstände schafft, die den Regierten die Gewißheit bietet, daß ihre Interessen und Bedürfnisse für den Zustand des gesamten Staates von Bedeutung sind, indem es legale Kanäle der Meinungsäußerung einrichtet, stärkt es eine Angleichung der Sicherheitsinteressen.[281] Angleichung bedeutet jedoch keinesfalls Übereinstimmung. Sie setzt zwingend den Qualitätsumschlag in demokratische Verhältnisse voraus.

Solange das Regime vor diesem Schritt zurückschreckt, bleibt die Liberalisierung Stückwerk, werden die Herausforderungen akkumulieren und sich die überkommenen Methoden ihrer Begegnung immer unwirksamer zeigen.[282]

Wie beschrieben, manifestieren sich diese Herausforderungen in Iran gegenwärtig vor allem in wirtschaftlichen Problemen. Exzessives Bevölkerungswachstum, Mangel an Arbeitsplätzen, Rückgang der landwirtschaftlichen Produktion, planlose Urbanisierung, Devisenmangel, Inflation, niedrige Produktivität, Korruption, Verschwendung und in Potenzkurve ansteigende Unterschiede zwischen Arm und Reich bilden nur eine Auswahl der existenzbedrohenden Herausforderungen - das "Überleben" steht auf dem Spiel.[283]

Sollte die wirtschaftliche Liberalisierung weiter stagnieren oder sogar abgebrochen werden, wäre das letzte plausible Mittel aus der Hand gegeben worden, der Talfahrt Einhalt zu gebieten. Dann würde die Gefahr akut, die unbeherrschbaren inneren Probleme nach außen zu tragen, Entspannung im Innern durch einen äußeren Konflikt zu suchen. Dieses Verhaltensmuster undemokratischer Staaten entwickelte sich in den vergangenen Jahrzehnten zu einem gewissen Stereotyp.

Ein Regime, das den Erwartungen seiner Bürger nicht entspreche oder ihnen sogar zuwiderhandle, staue innere Konfliktpotentiale an, "die sich entweder nach außen entladen oder eines Tages nach außen abgeleitet werden können"[284]. (Militärische) Gewalt dient undemokratischen Herrschaftssystemen jedoch nicht nur als konsensmobilisierendes Element oder als Ableitung des herrschaftsimmanenten Aggressionsstaus, sondern sie wird zum Wesensmerkmal dieser Regimes, "weil ihre Herrschaft über die Gesellschaft eben auf diesen Mechanismen beruht"[285]. Auch die bereits durch den Legitimitätsmangel ausgemachte Schwäche der Regimes trägt zu diesem Verhalten bei.

Schwache politische Institutionen und staatliche Strukturen sind per definitionem fragil und durchlässig. Interne Probleme können daher leicht zu zwischenstaatlichen Problemen diffundieren.[286]

An dieser Stelle sei allerdings angemerkt, daß diesem Prozeß kein Automatismus innewohnt. Die Möglichkeit, sogar Wahrscheinlichkeit des Ableitens innerer Widersprüche nach außen, muß nicht zwanghaft in einen Krieg münden. Der Unterschied wird durch die Qualität der Widersprüche markiert.

> "Entscheidend ist allein, ob die Akteure Einflüsse der Widersprüche auf ihre Lebensbedingungen positiv oder negativ bewerten, ob diese Einflüsse in Gegensatz zu den für sie gültigen Lebensverhältnissen treten, diese bedrohen oder gefährden, oder ob sie widerspruchs- und konfliktfrei in die bestehenden Lebensverhältnisse eingearbeitet werden können. Nicht der Ursprung, sondern allein die Qualität der Einflußfaktoren entscheidet darüber, ob sie von den Betroffenen überhaupt als bedrohlich wahrgenommen, ignoriert oder begrüßt werden, ob sie also zu Konfliktstoff werden oder nicht... Mit dem Übergang vom Widerspruch zur Krise geht es ... um den Umschlag von Objektivität in Subjektivität, um die Frage, wie die Akteure die gegebenen Widersprüche wahrnehmen. Die Akteure

handeln nicht aufgrund objektiver Widersprüche, sondern aufgrund ihrer
subjektiv wahrgenommenen Wirklichkeit."[287]

Der Wechsel von der Krise zum Konflikt wird dann nur noch durch den Übergang zur eigentlichen Handlungsebene gekennzeichnet. Ob bei einem Konflikt schließlich von einem Krieg gesprochen werden kann, hängt von den Parametern der Kriegsdefinition ab, die Frage besitzt mithin nur untergeordnete Bedeutung im Verhältnis zum Aufspüren der grundlegenden Konfliktursachen. Im Fall Irans ist jedoch bei aller gebotenen Differenzierung davon auszugehen, daß die grundlegenden Widersprüche der Islamischen Republik von den Betroffenen immer stärker auf eine Weise wahrgenommen werden, die eine "Begrüßung", "Ignorierung" oder "Einarbeitung" unwahrscheinlich gestalten und damit die Krise in den Vordergrund rücken - mit der inhärenten Möglichkeit der Ableitung nach außen.

Die strategische Bedeutung des Nahen und Mittleren Ostens und insbesondere der Golfregion im Ost-West-Konflikt ließ ein spezifisches Geflecht äußerer und innerer Ursachen für zwischenstaatliche Konflikte entstehen, es erwies sich als nahezu unmöglich, sie bei bestimmten Konflikten tatsächlich zu trennen.[288] Bis weit in die achtziger Jahre hinein ließen viele Sozialwissenschaftler und Politiker nicht von der Überzeugung ab, daß bei regionalen Konflikten im Nahen Osten exogenen Ursachen das Primat gebührt. Sie gingen soweit zu behaupten, daß die Bipolarität wesentlich zur Stabilisierung der internationalen Beziehungen beigetragen habe und u.a. bewirkte, daß Regionalkonflikte eine bestimmte Grenze nicht überschritten oder sogar außer Kontrolle gerieten.[289]

Es bedurfte erst des radikalen Wandels der Rahmenbedingungen globaler Politik nach dem Ende des Kalten Krieges, um zu erkennen, daß auch im Nahen und Mittleren Osten zwischenstaatliche Kriege in der Regel durch innerstaatliche Bedingungen herbeigeführt werden, und daß das Weltsystem lediglich bestimmte Akzente zu setzen vermag.

Damit fällt die Frage, wie die Islamische Republik Iran die Herausforderungen der Liberalisierung meistert, ob eine weitere Akkumulation ungelöster Widersprüche das Regime eventuell in den militärischen Konflikt treibt, wieder auf das Land zurück.

Jede diesbezügliche Prognose beinhaltet viele Unwägbarkeiten. Wenn der Reform- und Liberalisierungsprozeß nicht gelingt, besteht bei der organisatorischen Schwäche der demokratischen Kräfte des Landes zumindest mittelfristig die Wahrscheinlichkeit, daß die schon in den "Startlöchern" sitzenden radikalen Puristen, Visionäre und Revolutionsexporteure wieder an die entscheidenden Hebel der staatlichen Macht gelangen. Sie erwiesen sich zwar bereits in der Vergangenheit als nicht geeignet, die unzähligen Widersprüche der iranischen Gesellschaft zu lösen, aber ihr Ausweg dürfte noch am ehesten in dem Versuch bestehen, diese Widersprüche nach außen zu kanalisieren.

Nach ihrem Selbstverständnis könnte eine derartige Strategie sogar als Rückkehr zu den Grundsätzen der Revolution kaschiert werden, als radikale Abkehr von deren "Deformation". Analog zu der Vielzahl neu hinzugekommener Widersprüche und Probleme geriete Iran noch weit mehr als 1980/81 zu einem Brennpunkt regionaler Instabilität, sogar Aggressivität. Vorwände für radikale Militanz besitzen sie genug. Für diese Kräfte gehört es z.B. mittlerweile schon zum Gemeingut, die UNO-Sicherheitsratsresolution Nr. 598, die dem Waffenstillstand zwischen Iran und Irak 1988 den Boden bereitete, als "Versailles" für die iranische Revolution zu geißeln.[290] Wohin derartige Bezüge führen, hat die Geschichte des 20. Jahrhunderts bereits eindrucksvoll bewiesen.

Konfliktfaktoren bei Gelingen der Liberalisierung

Die iranische Revolution von 1978/79 kann für sich in Anspruch nehmen, auf die islamische Welt einen ähnlich bedeutenden Einfluß genommen zu haben wie die Revolutionen von 1789 in Frankreich und 1917 in Rußland auf den Westen.

Millionen von Muslimen schöpften nach Jahrzehnten subjektiv empfundener Ohnmacht neues Selbstvertrauen, das erfolgreiche iranische Beispiel übte eine ungeheure Faszination aus.

Dabei trat zunächst sogar in den Hintergrund, daß die Revolution in einem schiitischen und nichtarabischen Land stattgefunden hatte. Das Substrat der Faszination bestand viel eher in der Tatsache, daß es den iranischen muslimischen Revolutionären gelungen war, die Macht zu ergreifen, und sie gegen viele innere und äußere Widerstände zu behaupten.

Es war die Kraft des Beispiels, die die Hoffnung vermittelte, auch in der eigenen Gesellschaft, im eigenen Staat mit islamischen Gesellschaftsmodellen letztlich Erfolg haben zu können.[291] Mit dem Sieg der iranischen Revolution ging eine einschneidende Bewußtseinsänderung der Muslime einher. Die ideologische Komponente der islamischen Religion, die eine Verbesserung der Lebensumstände schon im Diesseits verhieß, erfuhr gegenüber der religiösen Komponente der Erlösung im Jenseits eine unübersehbare Stärkung.[292]

Die Revolution initiierte insbesondere in der jungen Generation ein wachsendes Interesse für die islamische Religion, für ihre Normen und Vorschriften, für die islamische Kultur, Literatur und Geschichte. Die Moschee wurde wieder zum unangefochtenen Mittelpunkt gesellschaftlicher Aktivitäten.

Selbst sunnitische Gläubige, politische Aktivisten und Organisationen, suchten Ansporn und Bestätigung durch das iranische Beispiel. Die syrische Muslimbruderschaft bemerkte in einer ihrer Untergrundpublikationen, die iranische Revolution habe bewiesen, daß nur Geduld, Hartnäckigkeit und die Bereitschaft, das Leben einzusetzen, am Ende zum Erfolg führten. Sie lobte die

iranische Bereitschaft zum Märtyrertum und nahm dabei in Kauf, die schiitische Tradition der Nacheiferung des Märtyrers Ḥusain gutzuheißen.[293]
Angeklagte im Prozeß gegen die Mörder des ägyptischen Präsidenten Sādāt verwiesen wiederholt auf die Lektionen, die die iranische Revolution erteilt hätte, die von ihnen aber nicht berücksichtigt worden seien. Nicht die Infiltration von Armee und Polizei führe zum Erfolg, sondern nur die Rebellion der gesamten Bevölkerung, gegen die jede Form von Gewaltanwendung letztlich machtlos sei.[294]

Bekanntlich verfehlten die iranischen Revolutionäre trotzdem ihr Ziel, ihre Erfolge, Erfahrungen und Errungenschaften auf direktem Weg weiterzugeben. Die syrische Muslimbruderschaft entwickelte sich z.b. sogar in dem Maße zu einem Gegner, wie die iranische Führung die Liaison mit Präsident Asad suchte. Auf diese und andere Weise trug sie selbst maßgeblich dazu bei, daß es den Regierungen der Nachbarstaaten gelang, die Bemühungen um den Export der Revolution als persischen und schiitischen Expansionismus zu disqualifizieren.

Der aufgezwungene Krieg mit dem arabischen Nachbarstaat Irak verhärtete die Positionen und führte zu einer weiteren Polarisierung.[295] Revolutionsführer Chomeinī unternahm selbst große Anstrengungen, um verlorenes Terrain zurückzugewinnen. In seinen zahlreichen Botschaften an die Muslime der Welt versuchte er stets, die universale Bedeutung der iranischen Revolution bewußt zu machen, ihre schiitische und national-iranische Komponente zu marginalisieren. Mit dem Blick auf das Ansehen der Revolution bei den Sunniten untersagte er die Diffamierung der Kalifen ʿAbū Bakr und ʿUmar und annullierte das Verbot für Schiiten, das Gebet hinter einem Sunniten zu verrichten.[296]
Auf die Dauer erwies es sich jedoch als unmöglich, den Adressaten der iranischen Propaganda zwei Bilder der Revolution glaubhaft zu machen. Die Verheißung, die iranische Medien und Emissäre im Ausland propagierten, wurde durch die inneriranische Entwicklung zunehmend konterkariert.

Die Kommunikationsdichte erreichte unterdessen auch in der islamischen Welt ein Niveau, das es verhindert, unliebsame Erscheinungen nicht über die Grenzen gelangen zu lassen. Aufmerksamkeit erregte schon die Bestimmung der ersten Verfassung der Islamischen Republik Iran, daß der Präsident ein Mann und Zwölferschiit sein müsse.[297] Dieser Grundsatz wurde auch bei der Verfassungsrevision nicht aufgegeben. Naturgemäß erweckte das bei alljenen Befremden, die zumindest 1979/80 den universalistischen Beteuerungen der iranischen Revolutionäre Glauben geschenkt hatten.

Weitaus negativer wirkten hingegen in den Folgejahren der unentschiedene Krieg mit Irak, die wachsenden wirtschaftlichen Schwierigkeiten Irans, die Unfähigkeit der Revolutionsführung, den Lebensstandard zu heben oder auch nur zu halten sowie die mitunter grausamen Repressionen gegenüber Andersdenkenden.[298] Das Bild der iranischen Revolution verblaßte, auch jene Enthusiasten, die zumindest in den Anfangsjahren der Revolution Iran als Modellfall ansahen, verfielen in Ernüchterung. Wenn auch der Modellcharakter der iranischen Revolution an Anziehungskraft einbüßte, so blieb doch die grundlegende Sympathie für ihre Wirkung als Initialzündung einer Form islamischer Erneuerung bestehen. Auch mehr als eineinhalb Jahrzehnte nach dem Sturz des Schahs kann sich die Führung in Teheran des Interesses der islamischen Welt am Fortgang des Experiments sicher sein.

Vor diesem Hintergrund gewinnt der Kampf um die Liberalisierung in Iran eine neue Bedeutung. Wenn die Regimes in den Nachbarstaaten auch triumphieren konnten, eine Nachahmung der iranischen Revolution in ihren Einflußgebieten verhindert zu haben, so sorgt die ungebrochene Aufmerksamkeit für iranische Entwicklungen doch dafür, daß nun der Liberalisierungsprozeß große Beachtung findet. Seine Auswirkungen könnten für die Autokratien im Nahen und Mittleren Osten weitaus komplizierter einzudämmen sein, als der ungestüm und häufig naiv vorgetragene Versuch, die Revolution zu exportieren.

Der Mangel an Partizipation, ganz zu schweigen an Demokratie, die Allgewalt des repressiven Staates ließ in den betroffenen Ländern ein hochexplosives Widerspruchsgemisch entstehen, das einer Entladung auch durch Impulse aus dem Ausland nähergebracht werden kann.[299]

Interessanterweise finden schon seit einigen Jahren Nachrichten über das iranische Regierungssystem in der Nachbarschaft weit mehr Beachtung, als die religiösen und visionären Angebote Teherans. Besonders in den Golfstaaten wird vermerkt, daß das iranische Regime seiner Bevölkerung schon in der Gegenwart ein höheres Maß an politischer Beteiligung gestattet, als es in jedem Mitgliedsstaat des GCC anzutreffen ist.

Auch die mannigfaltige und kritikfreudige iranische Presse schneidet bei jedem Vergleich mit einem Staat auf der Arabischen Halbinsel besser ab. Fasziniert verfolgen Tausende die Debatten des iranischen Parlaments, die von Radio Teheran in arabischer Sprache direkt übertragen werden. Auch die bei westlichen Medien beliebten verschleierten Frauen in den Straßen iranischer Städte und Dörfer wirken in den arabischen Nachbarstaaten nicht als Schreckbilder von Obskurantismus und Rückständigkeit. Die eigenen Traditionen stehen dazu in Kongruenz, vielmehr wird - insbesondere bei Frauenverbänden - vermerkt, mit welcher Selbstverständlichkeit iranische Frauen Berufe ausüben, sich organisieren und - in Saudi-Arabien undenkbar - Kraftfahrzeuge führen. Die Hochachtung vor den partizipatorischen Errungenschaften in Iran geht bisweilen soweit, die politischen Restriktionen und schweren Menschenrechtsverletzungen zu übersehen. Iran gilt Tausenden politischen Aktivisten im Nahen und Mittleren Osten unterdessen als Beispiel für den Kampf um Demokratie im islamischen Kontext.

In dem Maße, wie die eigenen Herrscher demokratische Entwicklungen unterbinden, werden die unmündigen Regierten in den arabischen Ländern Iran als Alternative von wachsender Attraktivität ansehen.[300] Damit wird Iran erneut zu einer Bedrohung für seine Nachbarstaaten - diesmal allerdings in anderer Qualität.

"Let there be no doubt, the chief threat Iran poses to its regional neighbours is not expansionism or nuclear terror but the fact that, however unsatisfactory the system, Iran gives its people the vote."[301]

Wenn der iranischen Regierung der Liberalisierungsprozeß am Ende gelingen sollte, wenn in der iranischen Gesellschaft wahrhaft demokratische Verhältnisse Einzug halten würden, wäre in der Gegenwart die erste Synthese zwischen islamischer Identität und demokratischem Verhaltenskodex zum Erfolg geführt.[302] Die Nachbarregierungen sähen sich vor die Alternative gestellt, entweder selbst einen entsprechenden Reformprozeß einzuleiten bzw. Ansätze zu vertiefen oder jeden (letztlich auch militärischen) Versuch zu unternehmen, das iranische Beispiel zu torpedieren.

Aus den in den vorangegangenen Abschnitten vorgestellten hypothetischen Szenarien läßt sich somit kaum eine Entspannung bzw. Verringerung der Konfliktfaktoren in der Golfregion prognostizieren. Ihre Resultante führt viel eher zu einem Paradoxon.

Sollte der Liberalisierungsprozeß in Iran scheitern, erscheint am wahrscheinlichsten, daß das Land selbst zur unmittelbaren Gefahr für den Frieden in der Region wird. Wenn der Reformkurs hingegen gelingt, d.h. in Iran eine Demokratie entsteht, würde die Bedrohung für die regionale Stabilität mit einiger Sicherheit von den Nachbarstaaten Irans ausgehen. Die optimale Variante, d.h. alle Staaten der Region beschreiten etwa gleichzeitig den Weg demokratischer Reformen, muß wohl als die unwahrscheinlichste angesehen werden.

Anmerkungen

1 Der Chef des nationalen Sicherheitsrates, Anthony Lake, und sein Mitarbeiter, Martin Indyk, haben vor verschiedenen Gremien und mehrfach die Haltung der offiziellen Politik Washingtons gegenüber Iran erläutert und begründet. Aussagekräftige und ausführliche Darstellungen finden sich u.a. in: Symposium on Dual Containment: U.S. Policy toward Iran and Iraq. In: Middle East Policy, Washington D.C. (1994) 1, S. 2-25, und A. Lake, Confronting Backlash States. In: Foreign Affairs, Washington D.C. 73 (1994) 2, S. 45-58.
2 In Anlehnung an Samuel P. Huntington (The Clash of Civilizations. In: Foreign Affairs, Washingto D.C. 72 (1993) 3, S. 22-50) versieht eine Vielzahl von Forschern - nicht nur, aber vor allem in den USA - diese politische Sicht mit einer wissenschaftlichen Begründung. S. Chubin (Hg.), Security in the Persian Gulf, Bd. 2, London 1981;

A. Cordesman, The Gulf and the Search for Strategic Stability. Saudi-Arabia, the Military Balance in the Gulf, and Trends in the Arab-Israeli Military Balance, Boulder-London 1984; Ders./ A.R. Wagner (Hg.), The Lessons of Modern War. Bd. 2: The Iran-Iraq War, Boulder-San Francisco 1990; M.A. Conant/R. King, Consequences of "Peace": The Iranian Situation and Outlook, Washington D.C. 1988; S. T. Hunter, Post-Khomeini Iran. In: Foreign Affairs, 68 (1989/90) 5, S. 133-149; R.K. Ramazani, Peace and Security in the Persian Gulf. A Proposal. In: C.C. Joyner (Hg.), The Persian Gulf War. Lessons for Strategy, Law and Diplomacy, New York u.a. 1990; N. Alaolmolki, Struggle for Dominance in the Persian Gulf, New York u.a. 1991; J. Hart, Iran as a "Good Neighbor". In: Defense & Diplomacy, (1991) 8/9, S. 27-29; J. Piscatori (Hg.), Islamic Fundamentalism and the Gulf Crisis, Chicago 1991; P. Clawson, Iran's Challenge to the West: How, when and why, Washington D.C. 1993; G. Lenczowski, Iran: The Big Debate. In: Middle East Policy, (1994) 2; H. Emadi, Exporting Iran's Revolution. The Radicalization of the Shiite Movement in Afghanistan. In: Middle East Studies, 31 (1995) 1, S. 1-12.

3   Präsident Clinton verfügte im Frühjahr 1995 ein Handelsembargo gegenüber Iran.
4   Vgl. N.B. Schahgaldian, Iran after Khomeini. In: Current History, Philadelphia (1990) 2, S. 61-84; S.A. Arjomand, Victory for the Pragmatists: The Islamic Fundamentalists Reaction in Iran. In: J. Piscatori (Hg.), Islamic Fundamentalism and the Gulf Crisis, Chicago 1991, S. 52-69; R.W. Cottam, Charting Iran's New Course. In: Current History, (1991) 1, S. 21-37; A. Ehteshami/G. Nonneman (Hg.), War and Peace in the Gulf. Domestic Politics and Regional Relations into the 1990s, Reading 1991; Ders./M. Varasteh (Hg.), Iran and the International Community, London 1991; S. Bakhash, Iranian Politics since the Gulf War. In: R.B. Satloff (Hg.), The Politics of Change in the Middle East, Boulder 1993, S. 63-84; J.D. Green, Ideology and Pragmatism in Iranian Foreign Policy. In: Journal of South Asian and Middle Eastern Studies, 17 (1993) 1, S. 58-71.
5   Vgl. U. Steinbach, Die "Zweite Islamische Republik". Der Gottesstaat auf dem Weg in die Normalität. In: Außenpolitik, Bonn, (1990) 1, S. 86.
6   H. Amirahmadi, Economic reconstruction of Iran: costing the war damage. In: Third World Quarterly, London (1990) 1, S. 30.
7   Vgl. B. Amīrahmadī, Siyāsathāye mellī va tōseʿeye nabrār-e manāṭiq dar Īrān. In: Ettelāʿāt siyāsī-eqteṣādī, Teheran 7 (1993) 5/6, S. 86-95.
8   Vgl. M.M. Milani, Zorōrāt-e Demōkrācī barāye Bāzsāzī u Tovsāʾye Eqteṣādī. In: Ādineh, Teheran (1989) 38, S. 40.
9   Vgl. BBC-Summary of World Broadcasts, Reading, Third Series, 4.2.1992, S. ME/W 0216 A 1/2.
10 Vgl. F. Halliday, The Iranian revolution and the international system: the crisis of the second decade. In: Echo of Iran (EOI), London (1993) 41, S. 28.
11 Vgl. J. Hart, Iran as a "Good Neighbor". In: Defense & Diplomacy, McLean (VA), Aug./Sep. 1991, S. 28.
12 Vgl. R.K. Ramazani, Peace and Security in the Persian Gulf: A Proposal. In: C.C. Joyner (Hg.), The Persian Gulf War: Lessons for Strategy, Law and Diplomacy, New York-Watford-London 1990, S. 226f.
13 Vgl. S. Küppers, Die Islamische Republik Iran, Frankfurt/M. 1991, S. 138.
14 Vgl. M. Dorraj, Populism and Corporatism in Post-Revolutionary Iranian Political Culture. In: S.K. Farsoun/M. Mashayeki (Hg.), Iran. Political Culture in the Islamic Republic, London-New York 1992, S. 224.
15 Vgl. Ramazani, Peace..., a.a.O.
16 Vgl. R. Herrmann, Von der Wirtschafts- zur Legitimationskrise. Die Ära Khamenei/Rafsanjani in der Islamischen Republik Iran. In: Orient, Hamburg 35 (1994) 4, S. 551.

17 Vgl. Dorraj, Populism..., a.a.O., S. 224.
18 Vgl. Der Tagesspiegel, Berlin, 21.10.1993.
19 Vgl. auch A. Kashian, Can the Iranian Economy be Saved? In: Comparative Economic Studies, London (1990) 1, S. 33-66.
20 Vgl. Ramazani, Peace..., a.a.O.
21 Vgl. N.B. Schahgaldian, Iran after Khomeini. In: Current History, (1990) 2, S. 61.
22 Vgl. MacLeans, New York, 16.1.1989, S. 25.
23 Zit. in: M.M. Mīlānī, Zorōrāt-e..., a.a.O.
24 Vgl. Dorraj, Populism..., a.a.O., S. 225.
25 Vgl. Amirahmadi, Economic..., a.a.O., S. 39.
26 Enqelāb-e Eslāmī, Teheran, 12.9.1988.
27 Vgl. V. Moghadam, Islamic Populism, Class, and Gender in Postrevolutionary Iran. In: J. Foran (Hg.), A Century of Revolution: Social Movements in Iran, London 1994, S. 190f.
28 Kayhān, Teheran, 21.8.1989.
29 Vgl. Financial Times, London, 30.5.1991; 8.5.1992.
30 Vgl. ebenda, 1.5.1992.
31 Vgl. ebenda, 25.6.1991.
32 Kayhān, a.a.O.
33 Ebenda, 22.9.1989.
34 Hermann, Von der Wirtschafts..., a.a.O., 544
35 Die Mehrzahl der Stiftungen gibt eigene Publikationen heraus. Deren Tenor besteht in der Beschwörung des Bündnisses gegen den inneren und äußeren Feind der islamischen Revolution, in der Hofierung der "Unterdrückten" und in der strikten Ablehnung des Wirtschaftskurses der Regierung. Vgl. dazu z.B. Ponzdahom-e Chordād (15. Chordād), Teheran, 4 (1995) 17, S. 60-69.
36 Vgl. Hermann, Von der Wirtschafts..., a.a.O., S. 544.
37 Vorgestellt in: Echo of Iran, 42 (1995) 82.
38 Vorgestellt in: Ebenda, 42 (1994) 78.
39 Vgl. Hermann, Von der Wirtschafts..., a.a.O., S. 545.
40 Vgl. Echo of Iran, 41 (1993) 63, S. 20.
41 Arbeitsminister Ḥosein Kamālī gegenüber Radio Teheran am 20.2.1994.
42 S. Behdad, Winners and Losers of the Iranian Revolution: A Study in Income Distribution. In: International Journal of Middle East Studies, New York, (1989) 3, S. 353.
43 Kayhān, 12.4.1990.
44 Vgl. ebenda, 3.4.1990.
45 Vgl. Resālat, Teheran, 14.4.1993.
46 Vgl. Salām, Teheran, 15.6.1993.
47 Vgl. Hermann, Von der Wirtschafts..., a.a.O., S. 551.
48 Vgl. Arab News, Gidda, 23.12.1994.
49 Vgl. Frankfurter Allgemeine Zeitung, Frankfurt/M., 17.2.1993.
50 Vgl. Hermann, Von der Wirtschafts..., a.a.O., S. 553.
51 Vgl. Lake, Confronting..., a.a.O., S. 53.
52 Vgl. Der Tagesspiegel, a.a.O.
53 Hermann, Von der Wirtschafts..., a.a.O., S. 554.
54 Vgl. Hamšahrī, Teheran, 8.10.1994.
55 Zu den eher subtilen Kritiken gehört z.B. der Vorwurf des Vorsitzenden der Budget-Kommission des Parlaments, Hoğat-ol Eslām Dōrī Nağafābādī, an die Adresse des Privatsektors, die ihre Gefährlichkeit für den Präsidentenkurs aus ihrer partiellen Richtigkeit bezieht. Nağafābādī kritisierte, daß von den ca. 3 Md. $ jährlichen Einkünften aus dem Nichterdölexport maximal 20 Prozent dem Staat zufließen. Der Rest

versickere in unproduktiven Bereichen, insbesondere im Schmuggel. "Soetwas wie einen privaten Sektor gibt es in Iran nicht, nur eine Bande von Dealern und Schmugglern, die an nichts anderes als an ihren Profit denken." Salām, 2.2.1995.
56 Vgl. Middle East International, London, 25.8.1995, S. 13.
57 Vgl. R. Hermann, Von der Wirtschafts..., a.a.O., S. 554f.
58 Vgl. J. Reissner, Zwischen Persischem Golf und Zentralasien: Neuorientierung der regionalen Außenpolitik Irans. In: A. Zunker (Hg.), Weltordnung oder Chaos? Beiträge zur internationalen Politik, Baden Baden 1993, S. 364.
59 Vgl. Dorraj, Populism..., a.a.O., S. 226.
60 Vgl. Tehran Times, 16.12.1993.
61 Vgl. ebenda, 22.12.1993.
62 Vgl. auch M. Stoessinger, Handel mit den Henkern. In: Die Zeit, Hamburg, 7.1.1994, S. 10.
63 Chāmeneʿī analysierte diesen Prozeß aus der Sicht des Regimes in einer Reihe längerer Interviews mit meinungsbildenden iranischen Gazetten, die 1987 - also in einer Art abschließender Rückschau - in zwei Bänden gesammelt aufgelegt wurden. (Moṣaḥābahā: maǧmūʿyī moṣaḥābahāye Hoǧat-ol Eslām va'l-muslimīn Sayyed Chāmeneʿī, Teheran 1987). Darin äußert er sich z.B. explizit über die Aufgaben, Erfolge und Grenzen der IRP (Bd. 1, S. 128-136) und der übrigen Macht- und Transmissionsorgane, z.B. die Komitees, die Paṣdarān, die Basīǧ u.a. (Bd. 2, S. 24-28).
64 Vgl. D.A. Rustow, Elections and Legitimacy in the Middle East. In: The Annals of the American Academy of Political and Social Science (AAPSS), Beverly Hills-London-New Delhi, (1985) 482, S. 140.
65 Vgl. S.T. Hunter, Iran after Khomeini, New York-Westport-London 1992, S. 37.
66 Vgl. Hermann, Von der Wirtschafts..., a.a.O., S. 562.
67 Vgl. Irantocus, London 7 (1994) 9, S. 13.
68 Vgl. ebenda, 7 (1994) 8, S. 9.
69 A. Rieck, Das Parlament der Islamischen Republik Iran. In: Orient, 30 (1989) 4, S. 555.
70 Vgl. H. Omid, Islam and the Post-Revolutionary State in Iran, New York 1994, S. 131.
71 Vgl. ebenda, S. 544.
72 Vgl. Echo of Iran, 42 (1994) 72, S. 11.
73 Dabei ist allerdings zu beachten, daß die gebotene Eile die Ernennung Chāmeneʿīs begünstigte. Zunächst wurde ein "kollektiver" Faqīh, bestehend aus drei bis fünf prominenten Geistlichen favorisiert. Der mit der Erennung beauftragte Expertenrat (83 Mitglieder) sah sich jedoch außerstande, in der Kürze der Zeit die erforderliche Sichtung möglicher Kandidaten vorzunehmen. Er einigte sich schließlich mit 44 zu 32 der anwesenden 76 Mitglieder auf einen individuellen Faqīh. Chāmeneʿī erhielt 60 der 76 Stimmen. Vgl. dazu B. Bahtiari, Iran's Political System. In: U.S.-Iran Review, Washington D.C. 2 (1994) 2, S. 6.
74 Vgl. The Middle East and North Africa 1994, London 1993, S. 397.
75 Vgl. Resālat, Teheran, 8.7.1993.
76 Vgl. F. Sarabi, The Post-Khomeini Era in Iran: The Elections of the Fourth Islamic Majlis. In: Middle East Journal, Washington D.C. 48 (1994) 1, S. 96.
77 Vgl. Sarabi, The Post-Khomeini..., a.a.O., S. 96-101.
78 Vgl. A. Rieck, Iran. In: Nahost Jahrbuch 1992, Opladen 1993, S. 78.
79 Vgl. Salām, Teheran, 9.1.1993.
80 Vgl. The Middle East and North Africa 1994, a.a.O., S. 399.
81 Vgl. Etteläʿāt, Teheran, 12.9.1989.
82 Vgl. S. Tellenbach, Zur Änderung der Verfassung der Islamischen Republik Iran vom 28. Juli 1989. In: Orient, 31 (1990) 1, S. 45.

83 Vgl. U. Steinbach, Die "Zweite Islamische Republik". Der Gottesstaat auf dem Weg in die Normalität. In: Außenpolitik, Bonn (1990) 1, S. 76.
84 Vgl. auch S. al- 'Ansarī, al-Fuqahā' hukkām 'alā al-muluk: ʿulamā' īrān min al-ʿahd aṣ-ṣafawī ila al-ʿahd al-bahlawī, o.O. 1986, besonders Kapitel 13-16, S. 337-472.
85 Eine ausführliche Erläuterung des Prinzips "Velāyat-e Faqīh" findet sich in: M.M. Taḥīnī, Maʿaʿl-waṣīya: dirāsa fiqhīya istidlālīya li masʿala al-iltizām bi'l-waṣīya as-sīyāsīyā liʿl-imām al-Ḥumainī, Beirut 1990, S. 29-32. Der Autor billigt dem Prinzip eine Grundfunktion für jedes islamische Staatswesen zu und bezeichnet es als "Schlüssel zur šarīʿa" (miftāḥ aš-šarīʿa). Ebenda, S. 43.
86 Sūrat-e Mašrūh-e Mozakerāt-e Maǧles-e Barrāsī-ye Nehā-ye Qānūn-e Āsāsī-ye Irān. Bd. 1, Teheran 1986, S. 80.
87 Ebenda, S. 85f.
88 Chomeinī sah im Parlament von Beginn an eine wichtige Balanceinstitution gegen das Herauskristallisieren neuer personaler Macht unterhalb der Ebene des Faqīh. Vgl. Grußadresse Chomeinīs an die erste Sitzung des Parlamentes. In: Negarešī be avalīn-e davrā-ye maǧles-e šūrā-ye eslāmī, Teheran 1985, S. 15f.
89 Eine tabellarische Dokumentation sämtlicher Beschlüsse des 1. Parlamentes der IRI in: Ebenda, S. 46-82.
90 Vgl. Steinbach, Die "Zweite...", a.a.O., S. 80.
91 Vgl. ebenda, S. 82.
92 Vgl. Tellenbach, Zur Änderung..., a.a.O., S. 45.
93 Vgl. Echo of Iran, 42 (1994) 79, S. 20.
94 Vgl. Kayhān havāʿī, Teheran, 3.5.1989.
95 Vgl. Tellenbach, Zur Änderung..., a.a.O., S. 46; zum genaueren Inhalt der Verfassung vgl. auch Afāq al-Islām, Amman (1993) 3, Länderteil Iran. Ausführliche Erläuterung der Verfassungsänderungen. Zuordnungen politischer Macht in der IRI, S. 141-146; ebenso A.F. Qādī, Huqūq-e āsāsī va nehadhā-ye sīyāsī, Teheran 1991, S. 28ff., und M.M. Milani, The Evolution of the Iranian Presidency: From Bani Sadr to Rafsanjani. In: British Journal of Middle Eastern Studies, a.a.O., S. 92.
96 Der Präsident bleibt aber weiterhin in der Pflicht, seine Kabinettsliste vom Parlament bestätigen zu lassen. Nur führt er danach die Regierung selbst und muß nicht länger die Zwischenfunktion eines Ministerpräsidenten erdulden. Vgl. auch Hunter, Iran..., a.a.O., S. 33.
97 Vgl. z.B. Taḥīnī, Maʿaʿl..., a.a.O., S. 11-25; Wortlaut des Testaments Chomeinī's u.a. in: The Iranian Journal of International Affairs, Teheran, Sommer/Herbst 1989, S. 309-362.
98 Taḥīnī und andere Autoren gaben zwar in ihren Werken verbale Zustimmungen der genannten und anderer Āyatollāhs (Baqr Ṣadr, Yazdī, Choʿī, Mūsā Ṣadr u.a.) zum Prinzip der Velāyat-e Faqīh zu Protokoll, jedoch überwog unter ihnen der Rechtfertigungsgedanke (vgl. ebenda, S. 145-151). In Wirklichkeit hatten sich die Genannten kaum und dann auch - zumindest indirekt - ablehnend geäußert. Chomeinī kannte seine Amtskollegen immerhin besser als die zahlreichen Apologeten.
99 Vgl. A. Rahnama/F. Namani, The Secular Miracle: Religion, Politics & Economic Policy in Iran, London-New Jersey 1990, S. 361.
100 Vgl. Tellenbach, Zur Änderung..., a.a.O., S. 49.
101 Vgl. Bahtiari, Iran's..., a.a.O., S. 6.
102 Vgl. Tellenbach, Zur Änderung..., a.a.O., S. 52-64.
103 Vgl. Milani, The Evolution..., a.a.O., S. 95.
104 Vgl. A. Rieck, Iran. In: Nahost Jahrbuch 1990, Opladen 1991, S. 79.
105 Vgl. ebenda.

106 U. Steinbach, Iran zwischen Ideologie und Pragmatismus. In: Europaarchiv, Bonn (1993) 18, S. 517.
107 Vgl. ebenda, S. 518.
108 Ders., Die "Zweite...", a.a.O., S. 77.
109 Ebenda, S. 89.
110 Rieck, Iran. In: Nahostjahrbuch 1991, a.a.O., S. 78.
111 Die Angehörigen der Anğomān-e Rohanyūn betonten dabei geschickt, daß sie sich nicht als Partei verstünden, sondern als Sammelbecken unterschiedlicher Auffassungen, deren kleinster gemeinsamer Nenner darin bestehe, "den Ansichten und Ideen Imām Chomeinīs näher zu stehen als andere". Salām, Teheran, 16.5.1993.
112 Vgl. S.T. Hunter, Iran at the crossroads. In: Middle East International, London, 28.6.1991, S. 16.
113 Salām, Teheran, 29.5.1991.
114 Vgl. Rieck, Iran. In: Nahost Jahrbuch 1991, a.a.O., S. 78.
115 Vgl. aš-Šarq al-awsaṭ, London, 6.8.1991.
116 Vgl. Hermann, Von der Wirtschafts..., a.a.O., S. 558.
117 Vgl. S. Shojai, Iran in Global Perspective. In: H. Zanganeh (Hg.), Islam, Iran & World Stability, New York 1994, S. 141.
118 Vgl. Etteläʿāt, Teheran, 11.6.1992.
119 Vgl. Echo of Iran, 42 (1994) 78, S. 16.
120 Vgl. The Middle East and North Africa 1994, a.a.O., S. 399.
121 Vgl. Echo of Iran, 42 (1994) 78, S. 17.
122 Vgl. Sentinel; The Gulf States, Coulsdon 1 (1994) 11, S. 3.
123 Viele Beobachter sind sich allerdings uneins darüber, ob die wachsende Kluft zwischen Rafsanğānī und Châmaneʿī substantieller Natur ist oder ob beide nur ein geschicktes Spiel "mit verteilten Rollen" spielen. Offenkundige politische Wirkung zeitigen zunächst nur die wachsenden Differenzen.
124 Vgl. Resālat, 7.6.1993.
125 Salām, 9.1.1993.
126 Vgl. V. Moghadam, Islamic Populism, Class, and Gender in Postrevolutionary Iran. In: J. Foran, (Hg.), A Century of Revolution: Social Movements in Iran, London 1994, S. 192.
127 Ebenda, S. 195.
128 Vgl. N. Entessar, Revolution and Prospects for Democratization in Iran. In: U.S.-Iran Review, Washington D.C. 1 (1993) 2, S. 6.
129 E. Hooglund, Iranian Populism and Political Change in the Gulf. In: Middle East Report, Washington D.C. 22 (1992) 1, S. 20.
130 Vgl. M. Monshipouri/C.G. Kukla, Islam, Democracy and Human Rights: the continuing debate in the West. In: Middle East Policy, Washington D.C. (1994) 2, S. 33.
131 C. Bina, Farewell to the Pax Americana: Iran, Political Islam and the passing of the old order. In: Zanganeh, Islam..., a.a.O., S. 51.
132 Vgl. S. Bakhash, Iranian Politics since the Gulf War. In: R.B. Satloff (Hg.), The Politics of Change in the Middle East, Boulder 1993, S. 78.
133 J. Waterbury, Democracy without Democrats? The potential for political liberalization in the Middle East. In: G. Salāme (Hg.), Democracy without Democrats? The Renewal of Politics in the Muslim World, London-New York 1994, S. 31.
134 B.M. Schutz/R.O. Slater, A framework for analysis. In: Dies. (Hg.), Revolution and Political Change in the Third World, Boulder 1990, S. 13.
135 Vgl. J.D. Stempel, Democracy in Iran: The Untenable Dream. In: The Rise and Fall of Democracies in Third World Societies, Williamsburg 1986, S. 12.
136 Hermann, Von der Wirtschafts..., a.a.O., S. 546.

137 Halliday, The Iranian revolution..., a.a.O., S. 29.
138 Vgl. H. Amirahmadi, Middle-Class Revolutions in the Third World. In: H. Amirahmadi/M. Parvin (Hg.), Post-Revolutionary Iran, Boulder 1988, S. 235.
139 vgl. Sarabi, The Post-Khomeini..., a.a.O., S. 101.
140 Vgl. Moghadam, Islamic..., a.a.O., S. 208.
141 Vgl. O. al-Ḥasan, Democratic Change in Eastern Europe and Political Reform in the Middle East, London 1990, S. 3.
142 Vgl. Bahtiari, Iran's..., a.a.O., S. 15.
143 Eine detaillierte Beschreibung des Wirkens der Arbeiterräte findet sich in: A. Bayat, Labor and Democracy in Post-Revolutionary Iran. In: Amirahmadi/Parvin, Post-Revolutionary..., a.a.O., S. 41-55.
144 Vgl. Omid, Islam..., a.a.O., S. 51-57.
145 Bina, Farewell..., a.a.O., S. 49.
146 Vgl. Omid, Islam..., a.a.O., S. 169.
147 Vgl. Taḥīnī, Maʿā..., a.a.O., S. 51ff.
148 Kayhān, Teheran, 26.10.1983.
149 Vgl. ebenda, 11.10.1993.
150 Vgl. Salām, 6.2.1994.
151 Vgl. Tehran Times, 11.5.1995.
152 Vgl. Hooglund, Iranian..., a.a.O., S. 21.
153 Zit. in: The Democracy Agenda in the Arab World. In: Middle East Report, 22 (1992) 1, S. 5.
154 Vgl. S.P. Huntington, A new Era in Democracy: Democracy's Third Wave. In: Current, Washington D.C. (1991) 9, S. 35.
155 Vgl. ebenda, S. 32f.
156 D. Shayeghan, Cultural Schizophrenia. Islamic Societies confronting the West, London 1992, S. 27f.
157 Vgl. M. Asad, The Principles of State and Government in Islam, Berkeley 1961, S. 48-62.
158 Vgl. A.H. Somjee, Political Society in Developing Countries, New York 1984, S. 150-161.
159 as-Safīr, Beirut, 21.5.1985.
160 Vgl. al-Ḥayāt, London, 10.4.1991.
161 Vgl. E. Kedourie, Democracy and Arab Political Culture, London 1994, S. 2.
162 G. Salame, Introduction. In: Salame, Democracy..., a.a.O., S. 4.
163 Resālat, 28.4.1991.
164 Vgl. V. Perthes, Die Fiktion des Fundamentalismus. Von der Normalität islamistischer Bewegungen. In: Blätter für deutsche und internationale Politik, Bonn (1993) 2, S. 198ff.
165 Vgl. H. Turabi, Islam, Democracy, the State and the West. In: Middle East Policy, 1 (1992) 3, S. 52.
166 Vgl. A.S. Moussalli, Hasan al-Turabi's Islamist Discourse on Democracy and Shura. In: Middle Eastern Studies, London (1994) 1, S. 57.
167 Vgl. R. al-Solh, Islamist Attitudes towards Democracy: A Review of the Ideas of al-Ghazali, al-Turābī and Amara. In: British Journal of Middle Eastern Studies, Durham (1993) 1, S. 59f.
168 Vgl. B. Lewis, Der Atem Allahs. Die islamische Welt und der Westen - Kampf der Kulturen? Wien-München 1994, S. 183f.
169 M. al-Ġazzalī, ʿAzma aš-šūrā, Kairo 1990, S. 69; vgl. auch M. Azmara, aš-šūrā ad-dimūqrādīya wa'l-Islām. In: al-Ḥilāl, Kairo (1985) 3, S. 24-31.

170	Vgl. Abu Khalil, A new Arab ideology? The rejuvenation of Arab nationalism. In: Middle East Journal, 46 (1992) 1, S. 33.
171	D. Pool, Staying at home with the wife: democratization and its limits in the Middle East. In: G. Parry/M. Moran (Hg.), Democracy and Democratization, London-New York 1994, S. 198.
172	Vgl. J. Crystal, Authoritarianism and its adversaries in the Arab World. In: World Politics. A Journal of International Relations, Baltimore 46 (1994) 2, S. 286.
173	Vgl. J.L. Esposito/J.P. Piscatori, Democratization and Islam. In: Middle East Journal, 45 (1991) 3, S. 434.
174	Vgl. dazu die Dissertationsschrift von R. Klaft, Islam und Demokratie: Zur Vereinbarkeit demokratischer und islamischer Ordnungsformen, dargestellt am Beispiel der Staatsauffassung Chomeinīs, Frankfurt/M. 1987.
175	Vgl. Amirahmadi, Middle-Class..., a.a.O., S. 235.
176	Vgl. ebenda.
177	Vgl. Bayat, Labor..., a.a.O., S. 53.
178	Darunter ist auch die Ausklammerung der wichtigen sozialen Komponenten des Demokratiebegriffs zu verstehen.
179	C.Y. Thomas, The Rise of the Authoritarian State in Peripheral Societies, New York-London 1984, S. 98f.
180	Bayat, Labor..., a.a.O., S. 53.
181	Vgl. M. Palmer, Dilemmas of Political Development: An Introduction to the politics of the developing areas, Itasca 1989, S. 229.
182	J.M. Nelson, Political Participation. In: M. Weiner, M./S.P. Huntington (Hg.), Understanding Political Development, Boston-Toronto 1987, S. 153.
183	Vgl. ebenda, S. 124.
184	Vgl. S. Qadir/C. Clapham/B. Gills, Sustainable Democracy: Formalism or Substance. In: Third World Quarterly, 14 (1993) 3, S. 416.
185	Vgl. Omid, Islam..., a.a.O., S. 153, 155.
186	Resālat, 10.8.1993.
187	Vgl. Iranfocus, 6 (1993) 10, S. 9.
188	Vgl. z.B. A. Naqībzādeh, Nazrī va noqdī bar demōqrāsīhāye ġarbī. In: Ettelā'āt sīyāsī-eqteṣādī, 7 (1993) 11-12, S. 32-38.
189	Vgl. J. Leca, Democratization in the Arab World: uncertainty, vulnerability and legitimacy. A tentative conceptualization and some hypotheses. In: Salāme, Democracy..., a.a.O., S. 66ff.
190	Vgl. H. Amirahmadi, Iran and the Persian Gulf: Strategic Issues and Outlook. In: Zanganeh, Islam..., a.a.O., S. 121.
191	Hunter, Iran..., a.a.O., S. 43.
192	Vgl. E. Yazdī/G. Kemp, Seminar: Islamic Revivalism. In: Middle East Policy, 3 (1995) 4, S. 15-28.
193	Ādīneh, Teheran 9 (1991) 59.
194	Vgl. A.-M. al-Mashat, National Security in the Third World, Boulder-London 1985, S. 53f.
195	Vgl. Shojai, Iran..., a.a.O., S. 143f.
196	Vgl. Salām, 27.7.1993 und 13.9.1994.
197	Resālat, 30.10.1993.
198	Vgl. S. Barzīn, Saḥtār-e sīyāsī-tabeqātī va ğamī'ātī dar Irān. In: Ettelā'āt sīyāsī-eqteṣādī, 8 (1994) 9-10, S. 14-21.
199	Vgl. Salām, 9.1.1993.
200	Vgl. Resālat, 27.2.1993.

201 Vgl. z.B. Rede Rafsanğānīs zum 16. Jahrestag der Revolution (Iranfocus, 8 (1995) 3) oder Chāmeneʿīs Appell an die Studenten, wieder aktiv wie zu Zeiten der Besetzung der USA-Botschaft zu werden und sich nicht auf den Kampus zurückzuziehen (Kayhān, 10.11.1993).
202 Vgl. Salām, 11.11.1993.
203 Vgl. ebenda, 9.10.1994.
204 Ebenda, 15.6.1993.
205 Vgl. Tehran Times, 27.4.1995.
206 Vgl. Hunter, Iran..., a.a.O., S. 34f.
207 Vgl. I.L. Horowitz, Beyond Empire and Revolution. Militarization and Consolidation in the Third World, New York-Oxford 1982, S. 264.
208 Vg. J.D. Orme, Political Instability and American Foreign Policy, New York 1989, S. 210.
209 Vgl. N.R. Keddie, Iran and the Muslim World. Resistance and Revolution, London 1995, S. 33.
210 Vgl. Bayat, Labor..., a.a.O., S. 41.
211 Vgl. A. Kholi, Democracy amid economic orthodoxy. Trends in developing countries. In: Third World Quarterly, 14 (1993) 4, S. 677f.
212 Shojai, Iran..., a.a.O., S. 143.
213 Vgl. Echo of Iran, 41 (1993) 70; vgl. auch M. Ġanīnežād, Zuhūr-e andīšeye āzādī va peyundān bā eqteṣād-e sīyāsī. In: Ettelāʿāt sīyāsī-eqteṣādī, 9 (1995) 3-4, S. 4-11.
214 Vgl. Far Eastern Economic Review, London, 8.9.1988.
215 Vgl. The Economist, London, 20.8.1988.
216 Zit in: D. Menashri, Khomeini's Vision: Nationalism or World Order? In: D. Menashri (Hg.), The Iranian Revolution and the Muslim World, Boulder 1990, S. 52.
217 Ebenda.
218 Kayhān Havaʾi, Teheran, 7.4.1993; zit. in: Reissner, Zwischen..., a.a.O., S. 361.
219 Vgl. H. Amīrahmadī, Sīyāsat-e ḫāriğīye minṭaqaye Irān. In: Ettelāʿāt sīyāsī-eqteṣādī, 7 (1993) 11-12, Ṡ. 4-13.
220 Vgl. E. Hooglund, Iran's Foreign Policy Interests. In: U.S. - Iran Review, Washington D.C. 1 (1993) 8, S. 8ff.
221 Vgl. Kayhān Havaʾi, 7.11.1990.
222 Vgl. Saudi-Arabian Bulletin, London, Juli 1991, S. 5.
223 Zit. in: Menashri, Khomeini's Vision..., a.a.O., S. 53.
224 Vgl. Saudi Arabia, Washington D.C., Juli 1991, S. 4.
225 Vgl. Mideast Mirror, London, 7.6.1991.
226 Vgl. aš-Šarq al awsaṭ, London, 5.6.1991.
227 Vgl. Middle East International, 13.9.1991, S. 9f.
228 Vgl. Arjomand, A Victory..., a.a.O., S. 59.
229 Vgl. ebenda, 27.9.1991, S. 13.
230 Vgl. BBC-Summary of World Broadcasts, 17.10.1991, ME/1205/A4.
231 Vgl. W.T. Tow, Subregional Security Cooperation in the Third World, Boulder-London 1990, S. 20.
232 Vgl. Middle East International, 27.9.1991, S. 13.
233 Vgl. BBC-Summary of World Broadcasts, 28.12.1991. ME/1264/A6.
234 Vgl. ebenda, 11.11.1991, ME/1226/A21.
235 Vgl. N. Jaber, Conflicting Visions. In: Middle East International, 22.11.1991, S. 13.
236 Vgl. M. Dezfūlī, Īrān va hamšāyegān-e arabeš - ʿamniyat-e ḫalīğ-e fārs va naẓm-e novīn-e minṭaqehāye. In: Ettelāʿāt sīyāsī - eqteṣādī, 8 (1994) 5-6, S. 20-25.
237 Kayhān, 10.9.1990.

238 A. Cordesman/R. Wagner (Hg.), The Lessons of Modern War. Vol. II: The Iran-Iraq War, Boulder-San Francisco 1990, S. 594.
239 Hunter, Iran..., a.a.O., S. 17.
240 Vgl. BBC Summary of World Broadcasts, 20.8.1991, ME 1155.
241 Vgl. Reissner, Zwischen..., a.a.O., S. 370.
242 Vgl. Vargavand, P., Īrān va ǧumhūrīhāye Ḫorāsān-e Bogzorg va Āsīyaye markazī. In: Ettelā'āt sīyāsī - eqteṣādī, 9 (1995) 3-4, S. 54-60.
243 Vgl. Reissner, Zwischen..., a.a.O., S. 366.
244 Vgl. ebenda, S. 367.
245 Vgl. J.D. Green, Ideology and Pragmatism in Iranian Foreign Policy. In: Journal of South Asian and Middle Eastern Studies, Villanova (1993) 1, S. 61.
246 Vgl. Hunter, Post..., a.a.O., S. 143.
247 Vgl. Hart, Iran..., a.a.O., S. 27.
248 Soruš, Teheran, 22.5.1991.
249 Foreign Broadcast Information Service-Near East Series (FBIS-NES), Washington D.C., 4.1.1988, S. 75.
250 Vgl. BBC-Summary of World Broadcasts, 5.10.1991, ME/1195/A3.
251 Vgl. Frankfurter Allgemeine Zeitung, 1.2.1993.
252 Hunter, Post-..., a.a.O., S. 147.
253 Vgl. Kayhān, 7.11.1990; Ǧumhūrīye Eslāmī, Teheran, 15.11.1990.
254 Vgl. Mideast Mirror, 22.5.1991.
255 Resālat, 16.5.1991.
256 Vgl. R.K. Ramazani, Khumayni's Islam and Iran's Foreign Policy. In: A. Dawisha (Hg.), Islam in Foreign Policy, Cambridge 1983, S. 21.
257 Vgl. The Iranian Journal of International Affairs, a.a.O.; FBIS-NES, 6.10.1988, S. 53.
258 Vgl. R.M. Savory, Religious Dogma and the Economic and Political Imperatives of Iranian Foreign Policy. In: M. Rezun (Hg.), Iran at the Crossroads. Global Relations in a Turbulent Decade, Boulder 1990, S. 56.
259 Vgl. D.J. Green, Ideology..., a.a.O., S. 64ff.
260 Cottam, Charting..., a.a.O., S. 22.
261 Vgl. Arjomand, A Victory..., a.a.O., S. 57.
262 Vgl. Cottam, Charting..., a.a.O., S. 36.
263 Vgl. Jordan Times, Amman, 2.10.1990.
264 Vgl. Kayhān, a.a.O., 20.1.1991.
265 Vgl. Arjomand, A Victory..., a.a.O., S. 61.
266 Salām, 7.2.1995.
267 Vgl. T. Wöhlert, Iran: Die pragmatische Republik Gottes? Frankfurt/M. 1993, S. 150.
268 Vgl. ebenda, S. 151.
269 Vgl. H. Saifzādeh, Estrātīžī mellī va sīyāsat-e gozārīye ḫāriǧī. In: Maǧallah Sīyāsat-e Ḫāriǧī, Teheran 8 (1994) 4, S. 705-722.
270 Vgl. M.H. Fayāzī, Barrasīye avāmil movātir dar dastīyābī va 'adam dastīyābī beh ahdāf enqelāb-e Eslāmī. In: Faslnāmeh Ḥuqūq va 'Ulūm-e sīyāsī, Teheran 2 (1992) 2, S. 47-60.
271 Vgl. T. Sonn, Irregular Warfare and Terrorism in Islam: Asking the Right Questions. In: J.T. Johnson/J. Kelsey (Hg.), Crescent and Sword: The Justification and Limitation of War in Western and Islamic Tradition, New York-London 1990, S. 132ff.
272 A. Qavam, Ānātōmī ta amolat-e nezām-e sīyāsī va monāfeye mellī. In: Maǧallah Sīyāsat-e Ḫāriǧī, 8 (1994) 1-2, S. 13.
273 Vgl. u.a. A. Taheri, Teheran: Le "Thermidor" avorte. In: Politique Internationale, Paris 64 (1994) Sommer, S. 145-160.

274	Vgl. G. Joffe, A view from the South. In: C. Thomas/P. Saravamuttu (Hg.), Conflict and Consensus in North/South Security, New York-Cambridge 1989, S. 166f.
275	Vgl. E. Yāršāter, Watanparastī. In: Īrānšenāsī, Bethesda (MD) 5 (1993) 1, S. 14-19.
276	Vgl. Hunter, Iran..., a.a.O., S. 3.
277	K.J. Gantzel/J. Siegelberg, Krieg und Entwicklung. Arbeitspapiere Nr. 36, Hamburg 1989, S. 14.
278	J. Siegelberg, Schritte zu einer Theorie des Krieges. Arbeitspapiere Nr. 42, Hamburg 1990, S. 85.
279	Vgl. M. Ayoob, Regional Security and the Third World. In: Ders. (Hg.), Regional Security in the Third World, Boulder 1986, S. 11.
280	Vgl. F.O. Hampson, Building a stable peace: Opportunities and limits to security cooperation in Third World regional conflicts. In: International Journal, Toronto, (1990) 2, S. 479.
281	Vgl. J.S. Migdal, Strong Societies and Weak States; State - Society Relations and State Capabilities in the Third World, Princeton 1988, S. 208.
282	Vgl. W.I. Zartman, Conflict and Resolution: Contest, Cost, and Change. In: The Annals of the American Academy of Political and Social Sciences, (1991) Nov., S. 19.
283	Vgl. R.L. Rothstein, Democracy and Conflict. In: E. Kaufman/S.B. Abed/ R.L. Rothstein (Hg.), Democracy, Peace, and the Israeli-Palestinian Conflict, Boulder-London 1993, S. 29ff.
284	E.O. Czempiel, Strategien des Friedens. In: Ders. u.a. (Hg.), Friedenssicherung und Aggressivität, Freiburg 1973, S. 16f.
285	K.J. Gantzel, Krieg in der Dritten Welt. Theoretische und methodische Probleme der Kriegsursachenforschung, Baden Baden 1988, S. 237.
286	Vgl. Ayoob, Regional..., a.a.O., S. 14.
287	Gantzel, Krieg und Entwicklung, a.a.O., S. 11f.
288	Vgl. G. Krämer, Macht und Allmacht: Die Konfliktlage im Nahen Osten. In: D. Senghaas (Hg.), Regionalkonflikte in der Dritten Welt, Baden Baden 1989, S. 166ff.
289	Vgl. R. Simbar, R., Monāzaʿāt mintaqaʿī dar ğahān-e sevom va payān-e ğang-e sord. In: Mağallah Sīyāsat-e Hariğī, 8 (1995) 4, S. 793-812.
290	Vgl. Iranfocus, 7 (1994) 9, S. 11.
291	Vgl. Keddie, Iran..., a.a.O., S. 124.
292	Vgl. H. Dabashi, "Islamic Ideology": The Perils and Promises of a Neologism. In: Amirahmadi/Parvin, Post-..., S. 11.
293	Vgl. an-Nadīr, o.O., 11.8.1980.
294	Vgl. as-Safīr, Beirut, 28.5.1982.
295	Vgl. F. Halliday, The politics of Islamic fundamentalism. Iran, Tunisia and the challenge to the secular state. In: A.S. Ahmed/H. Donnan (Hg.), Islam, Globalization and Postmodernity, London-New York 1994, S. 97.
296	Vgl. E. Sivan, Sunni Radicalism in the Middle East and the Iranian Revolution. In: International Journal of Middle East Studies, New York 21 (1989) 1, S. 23.
297	Vgl. W. Buchta, Die inneriranische Diskussion über die islamische Einheit. In: Orient, 35 (1994) 4, S. 570.
298	Vgl. Lewis, Der Atem..., a.a.O., S. 182.
299	Vgl. R.J. Rummel, The Conflict Helix. Principles and Practices of Interpersonal, Social, and International Conflict and Cooperation, New Brunswick-London 1991, S. 131f.
300	Vgl. Hooglund, Iranian..., a.a.O., S. 20f.
301	Iranfocus, 7 (1994) 9, S. 11.
302	Vgl. G. Fuller, Has political Islam failed? In: Middle East Insight, Washington D.C. 11 (1995) 2, S. 9.

Auswahlbibliographie

1. Monographien

Ahmed, A.S./H. Donnan (Hg.): Islam, Globalization and Postmodernity, London-New York 1994.
Alaolmolki, N.: Struggle for Dominance in the Persian Gulf, New York u.a.1991.
Amirahmadi, H./M. Parvin (Hg.): Post-Revolutionary Iran, Boulder 1988.
'Ansarī, S. al-: al-Fuqahā' hukkām 'alā al-muluk: 'ulamā' īrān min al-'ahd aṣ-ṣafawī ila al-'ahd al-bahlawī, o.O. 1986.
Asad, M.: The Principles of State and Government in Islam, Berkeley 1961.
Ayoob, M. (Hg.): Regional Security in the Third World, Boulder 1986.

Chubin, S. (Hg.): Security in the Persian Gulf, Bd. 2, London 1981.
Clawson, P.: Iran's Challenge to the West: How, when and why, Washington D.C. 1993.
Conant, M.A./R. King: Consequences of "Peace": The Iranian Situation and Outlook, Washington D.C. 1988.
Cordesman, A.: The Gulf and the Search for Strategic Stability. Saudi-Arabia, the Military Balance in the Gulf, and Trends in the Arab-Israeli Military Balance, Boulder-London 1984.
Cordesman, A./A.R. Wagner (Hg.): The Lessons of Modern War. Bd. 2: The Iran-Iraq War, Boulder-San Francisco 1990.
Czempiel, E.O. u.a. (Hg.): Friedenssicherung und Aggressivität, Freiburg 1973.

Dawisha, A. (Hg.): Islam in Foreign Policy, Cambridge 1983.

Ehteshami, A./G. Nonneman (Hg.): War and Peace in the Gulf. Domestic Politics and Regional Relations into the 1990s, Reading 1991.
Ehteshami, A./M. Varasteh (Hg.): Iran and the International Community, London 1991.

Farsoun, S.K./M. Mashayeki (Hg.): Iran. Political Culture in the Islamic Republic, London-New York 1992.
Foran, J. (Hg.): A Century of Revolution: Social Movements in Iran, London 1994.

Gantzel, K.J.: Krieg in der Dritten Welt. Theoretische und methodische Probleme der Kriegsursachenforschung, Baden Baden 1988.
Gantzel, K.J./J. Siegelberg: Krieg und Entwicklung. Arbeitspapiere Nr. 36, Hamburg 1989.
Gazzalī, M. al-: ʿAzma aṣ-ṣūrā, Kairo 1990.

Hassan, O. al-: Democratic Change in Eastern Europe and Political Reform in the Middle East, London 1990.
Horowitz, I.L.: Beyond Empire and Revolution. Militarization and Consolidation in the Third World, New York-Oxford 1982.
Hunter, S. T.: Iran after Khomeini, New York-Westport-London 1992.

Johnson, J.T./J. Kelsey (Hg.): Crescent and Sword: The Justification and Limitation of War in Western and Islamic Tradition, New York-London 1990.
Joyner, C.C. (Hg.): The Persian Gulf War. Lessons for Strategy, Law and Diplomacy, New York u.a. 1990.

Kaufman, E./S.B. Abed/R.L. Rothstein (Hg.): Democracy, Peace, and the Israeli-Palestinian Conflict, Boulder-London 1993.
Keddie, N.R.: Iran and the Muslim World. Resistance and Revolution, London 1995.
Kedourie, E.: Democracy and Arab Political Culture, London 1994.
Klaft, R., Islam und Demokratie: Zur Vereinbarkeit demokratischer und islamischer Ordnungsformen, dargestellt am Beispiel der Staatsauffassung Chomeinis, Frankfurt/M. 1987.
Küppers, S.: Die Islamische Republik Iran, Frankfurt/M. 1991.

Lewis, B.: Der Atem Allahs. Die islamische Welt und der Westen - Kampf der Kulturen? Wien- München 1994.

Mashat, A.-M. al-: National Security in the Third World, Boulder-London 1985.
Menashri, D. (Hg.): The Iranian Revolution and the Muslim World, Boulder 1990.
Migdal, J.S.: Strong Societies and Weak States. State-Society Relations and State Capabilities in the Third World, Princeton 1988.

Omid, H.: Islam and the Post-Revolutionary State in Iran, New York 1994.
Orme, J.D.: Political Instability and American Foreign Policy, New York 1989.

Palmer, M.: Dilemmas of Political Development: An Introduction to the politics of the developing areas, Itasca 1989.
Parry, G./M. Moran (Hg.): Democracy and Democratization, London-New York 1994.
Piscatori, J. (Hg.): Islamic Fundamentalism and the Gulf Crisis, Chicago 1991.

Qādī, A.F.: Huqūq-e āsāsī va nehadhā-ye sīyāsī, Teheran 1991.

Rahnama, A./F. Namani: The Secular Miracle: Religion, Politics & Economic Policy in Iran, London-New Jersey 1990.
Rezun, M. (Hg.): Iran at the Crossroads. Global Relations in a Turbulent Decade, Boulder 1990.
Rummel, R.J.: The Conflict Helix. Principles and Practices of Interpersonal, Social, and International Conflict and Cooperation, New Brunswick-London 1991.

Salame, G. (Hg.): Democracy without Democrats? The Renewal of Politics in the Muslim World, London-New York 1994.
Satloff, R.B. (Hg.): The Politics of Change in the Middle East, Boulder 1993.
Schutz, B.M./R.O. Slater (Hg.): Revolution and Political Change in the Third World, Boulder 1990.
Senghaas, D. (Hg.): Regionalkonflikte in der Dritten Welt, Baden Baden 1989.
Shayeghan, D.: Cultural Schizophrenia. Islamic Societies confronting the West, London 1992.
Siegelberg, J.: Schritte zu einer Theorie des Krieges. Arbeitspapiere Nr. 42, Hamburg 1990.
Somjee, A.H.: Political Society in Developing Countries, New York 1984.
Sūrat-e Mašrūh-e Mozakerāt-e Maǧles-e Barrāsī-ye Nehā-ye Qānūn-e Āsāsī-ye Īrān, Teheran 1986, Bd. 1.

Tahīnī, M.M.: Ma'a'l-waṣīya: dirāsa fiqhīya istidlālīya li mas'ala al-iltizām bi'l-waṣīya as-sīyāsīya li'l-imām al-Humainī, Beirut 1990.
Thomas, C.Y.: The Rise of the Authoritarian State in Peripheral Societies, New York-London 1984.

Thomas, C.Y./P. Saravamuttu (Hg.): Conflict and Consensus in North/South Security, New York-Cambridge 1989.
Tow, W.T.: Subregional Security Cooperation in the Third World, Boulder-London 1990.

Weiner, M./S.P. Huntington (Hg.): Understanding Political Development, Boston-Toronto 1987.
Wöhlert, T.: Iran: Die pragmatische Republik Gottes?, Frankfurt/M. 1993.

Zanganeh, H. (Hg.): Islam, Iran & World Stability, New York 1994.
Zunker, A. (Hg.): Weltordnung oder Chaos? Beiträge zur internationalen Politik, Baden Baden 1993.

2. Periodika

Ādīneh, Teheran
Afāq al-Islām, Amman
Annals of the American Academy of Political and Social Science, Beverly Hills
Arab Asian Affairs, London
Arab Gulf Journal, London
Arab News, Ǧidda
Asian Affairs, London
Außenpolitik, Bonn

BBC-Summary of World Broadcasts, Reading
Blätter für deutsche und internationale Politik, Bonn
British Journal of Middle Eastern Studies, Durham

Comparative Economic Studies, London
Current, Washington D.C.
Current History, Philadelphia

Defense & Diplomacy, MacLean, VA.

Echo of Iran, London
Economist, London
Enqelāb-e Eslāmī, Teheran
Ettelāʿat, Teheran
Ettelāʿat sīyāsī-eqteṣādī, Teheran

Far Eastern Economic Review, London
Faslnāmch Ḥuqūq va ʿUlūm-e sīyāsī, Teheran
Financial Times, London
Foreign Affairs, Washington D.C.
Foreign Broadcast Information Service-Near East Series, Washington D.C.
Foreign Policy, New York
Frankfurter Allgemeine Zeitung, Frankfurt(M.)

Guardian, London
Gulf News, Kairo
Ǧumhūrīye Eslāmī, Teheran

Hamšahrī, Teheran

Ḥayāt, al-, London
Ḥilāl, al-, Kairo

International Journal, Toronto
International Journal of Middle East Studies, New York
Iranfocus, London
Iranian Journal of International Affairs, Teheran
Īrānšenāsī, Bethesda (MD)

Jordan Times, Amman
Journal of South Asian and Middle Eastern Studies, Villanova

Kayhān, Teheran
Kayhān hava'i, Teheran

MacLeans, Toronto
Magallah Siyasat-e Harigi, Teheran
Mideast Mirror, London
Middle East, London
Middle East Insight, Washington D.C.
Middle East International, London
Middle East Journal, Washington D.C.
Middle East Newsletters - Gulfstates, London
Middle East Policy, Washington D.C.
Middle East Report, Washington D.C.
Middle East Review, New York
Middle East Studies, London
Middle Eastern Studies, London

Orient, Hamburg

Poltitical Science Quarterly, Washington D.C.
Politique Internationale, Paris
Ponzdahom-e Chordād (15. Chordad), Teheran

Resālat, Teheran

Safīr, as-, Beirut
Salām, Teheran
Saudi Arabia, Washington D.C.
Saudi-Arabian Bulletin, London
Šarq al-awsaṭ, London
Sentinel. The Gulf States, Coulsdon
Sorūš, Teheran

Tagesspiegel, Berlin
Tehran Times, Teheran
Third World Quarterly, London

U.S.-Iran Review, Washington D.C.

World Politics. A Journal of International Relations, Baltimore

Zeit, Hamburg

Anhang

IMAM'S FINAL DISCOURSE

The text of the political and religious testament of the Leader of the Islamic Revolution and the Founder of the Islamic Republic of Iran, Imam Khomeini

بسم الله الرحمن الرحيم
قال رسول الله صلى الله عليه و آله و سلم: «اني تارك فيكم الثقلين كتاب الله
وعترتي اهل بيتي فانهما لن يفترقا حتى يردا عليّ الحوض»
«الحمدلله و سبحانك اللهم صل على محمد و آله مظاهر جمالك و جلالك و
خزائن اسرار كتابك الذي تجلى فيه الاحدية بجميع اسمائك حتى المستأثر منها الذي
لايعلمه غيرك واللعن على ظالميهم اصل الشجرة الخبيثة».

The Prophet (S.A.W) said: «I leave two great and precious things among you: the Book of God and My Houshold». Verily, these two will never be separated from each other until they encounter me at the pool of Kawthar [in Paradise].

The tradition of *Thaqalayn*

And, I feel it appropriate to remind you briefly of «The two trusts» (*thaqalyn*). [My approach] is not to talk of their transcendental, spiritual and mystical aspects where pens such as mine would be incapable of daring to venture into a domain whose cognition for all circles of beings, --from this world to the heavens and from there up to His Divine presence including circles which lie beyond the intellectual capacity of you and me-- if not impossible, requires great efforts and demands perseverance. Neither am I dealing with what has befallen upon humanity from its negligence and abandonment of true nature and stature *of the greatest trust* [the holy Qur'an] and *the greater trust* [the Household of the Prophet], the latter being greatest of all entity but *the greatest trust which is the absolute greatest (akbar-e motlaq)*. Nor do I recount here what has befallen «the two trusts» from the enemies of God and the tricky oppressors *(taqutiyan)*, who are too many for me to enumerate, given my limited knowledge and lack of time. I found it suitable to mention briefly what has happened to «these two trusts».

Perhaps by the sentence «these two will never be separated from each other until they encounter me at the pool [of Kawthar],»[2] it is alluded that after the departure of Prophet Muhammad (S.A.W) whatever has befallen one of the trusts, has equally befallen the other until such time when these [trusts] encounter the Messenger of God (S.A.W), in the pool of Kawthar. Whether «the pool» refers to the stage of submergence of parts *(Kethrat)* in the whole *(Vahdat)*, and the absorbtion of drops into the ocean or something else, lies beyond the domain of man's intellect and cognition. One should add that the same injustice of the oppressors towards these two trusts of God's Messenger have been inflicted on the Muslim community *(Ummate Eslami)*– and upon humanity for that matter-- which the pen is incapable of description.

It should be noted that the tradition of *Thaqalyn* has been reported from the Prophet (S.A.W) successively and by many sides (mutawatir) among all Muslims and in the books of the Sunnis, including the Six Reliable Collections[3], using various phraseologies and on different occasions. This noble tradition is an unequivocal evidence *(hojjate qate)* for humanity as a whole, particularly Muslims of all schools *(madhab)* of thought. All Muslims for whom this evidence applies are accountable and if there be an excuse for the ignorant people, there will be none for the scholars *(ulama)*.

Now, let us review what has befallen the Book of God, this Divine gift, and the bequest of the Messenger of Islam (S.A.W). The sorrowful events, for which one should cry one's eyes out, began following the martyrdom of Imam Ali (A.S.). Selfish people and oppressors exploited the Holy Qur'an as a tool at the service of governments who opposed the Holy Qur'an, under various pretexts and with premeditated plots forced the true interpreters of the Qur'an and the learned and discerning people who had learned the entirety of the Qur'an from the Prophet (S.A.W.) and in whose ears the Prophetic saying «I leave two great and precious things among you» reverberated. In fact, by misusing the Qur'an, which has brought the greatest material and spiritual guidance for humanity until the day it encounters the prophet in the pool, they disposed of the Qur'an. They declared the Divinely Righteous Rule, one of the ideals of the Holy Book, null and introduced deviation from the religion of God and the Divine Book and Tradition, so much that makes it hard to describe without embarrassment.

The more this deviant institutions endured, the greater became the deviations and distortions to the point that the Holy Qur'an-- the book which was descended as the complete and the seal of revelations to Prophet Muhammad in order to enhance the people of the world, to become the source of uniting Muslims and even human race, to elevate humanity to the desired status and save this offspring of God *(valideye elm-ul-asma')* from the evils of satans and the oppressors, to establish justice *(adl)* and equity *(qest)*, and to entrust government to men of God, the infallibles (A.S.) from the first to the last, so that they would entrust it to whomever served the interest of humanity-- was removed from the scene to the extent that it seems it never had any role to play in guiding [humanity]. [The distortions] reached the state that the Qur'an was misused by tyrannical governments *(hukumathaye ja'er)* and by the more wicked preachers *(akhund)* than the oppressors in order to establish injustice and corruption and for legitimization of [the rule of] oppressors and enemies of the Almighty God. Unfortunately, for the conspiratorial enemies and for the ignorant friends, the Qur'an, this determinant *(sarneveshtsaz)* book, has no role other than recitation in the graveyards and funeral ceremonies. The book which was to be the source of Muslim unity and that of humanity and to be a living source in their lives has become the source of disunity and discord or has been eliminated from the scene altogether, to the point that if one initiated to discuss Islamic government or to speak of politics (i.e. of the great and noble Islam, the Prophet's (S.A.W.) [the contents of] the Qur'an and the traditions), it deemed as committing the gravest sin; the phrase «political preacher» *(akhunde siyasi)* was used for him to mean irreligious person and so is the case [even] today.

And more recently in order to eliminate the Qur'an and to secure the interests of the superpowers, the big satanic powers through deviant governments, of Islamic precepts, who falsely claim commitment to Islam, published the Qur'an with artful calligraphy and have distributed it throughout [the world]; it is to withdraw the Qur'an from the scene by this device. We all witnessed how the Qur'an printed by Muhammad Reza Pahlavi, deceived some people and even some preachers, ignorant of the essence of Islam, praised him for it. We also see how, every year, king Fahd allocates large sums from the public wealth in order to publish [this kind of] Qur'an and to propagate anti-Qur'anic religion of Wahhabism-- this utterly unfounded and superstitious cult-- thereby attracting ignorant people and nations towards the superpowers, taking advantage of noble Islam and the Holy Qur'an.

We take pride and our noble and thoroughly committed nation is proud in being the followers of a school of thought which intends to dig out the Qur'anic truths-which commit themselves thoroughly to the unity of Muslims and even humanity-from the graveyards and utilize it as the greatest prescription for the disentanglement of man from all shackles on his limbs and on his mind and soul which are leading him towards destruction, slavery and servitude to the oppressors.

We are proud to be the followers of a faith that has been established by the Messenger of God based on His Decrees, and that the commander of the faithfuls, Ali b. Abitalib, this emancipated slave from all entanglements, has been commissioned to free man from all shackles of slavery.

We take pride that *Nahjul-Balagha*, which is the greatest manual of spiritual and material life after the Holy Qur'an, is the greatest book of man's liberation and its spiritual and governmental dictums offer the greatest path to salvation, belongs to our infallibe Imam.

We take pride that the infallible Imam from Ali b.Abitalib till the saviour of humanity, his Holyness Mahdi, the Master of Ages (A.S.) who lives by the power of Almighty and oversees our affairs is our Imam (leader).

We take pride that vitalizing supplications, which we call the Ascending *(sa'id)* Qur'an belongs to our Imams: supplications of the month of Sha'ban, Arafat prayers of Hussain b.Ali (A.S.), Sahiffeye Sajjadiye-this psalms of Muhammadans-and Sahiffeye Fatemieh-the divine revelations to her Holyness Fatimah Zahra (A.S.)-belong to us.

We take pride that the [fifth] Imam, Bager ul'ulum (A.S.), is the greatest personality of history and no one but the Almighty God, His Messenger (S.A.W), and the infallible Imams have appreciated his stature.

And we take pride that we belong to Ja'fari school [of jurisprudence, figh] and ours, a vast and endless ocean, has been developed by him. We are proud of all infallible Imams (A.S.) and we pay our allegiances to them.

We take pride that the infallible Imams (A.S.) were imprisoned, lived in exile, and finally became martyrs while enhancing Islam, implementing the Holy Qur'an-the eslablishment of Just and Righteous Rule being one of its dimensions and while toppling the tyrannical governments and the oppressors of their time. And we are proud today that we want to execute the precepts of the Qur'an and the traditions and that the various classes and sectors of our nation participate in this great effort zealously, sacrificing their wealth, life and their loved ones in the path of God.

We take pride that our women, regardless of age, prominent or unknown, are taking part, alongside men, in cultural, economic, and military domains, sometimes better than men, in the enhancement of Islam and implementation of its objectives. Those who are capable of fighting take military training-which is an important strategy for the defense of Islam and the Islamic land-and ignore [and tolerate] bravely and committedly the deprivations that the conspiratorial enemies and the ignorant friends imposed upon them, upon Islam and Muslims. [They also] have disentangled themselves of the shackles of superstitions which the enemies have produced for their own benefit by the ignorant people or some uninformed preacher about the interest of Muslims. And those who are not able to fight are busy rendering services behind the front, so profoundly that they are breath-taking for our own nation and annoying and angering for the enemies and the ignorant [friends] who are worse than enemies. We have repeatedly witnessed gracious women who are crying out like [her Holyness] Zainab (A.S.) that they are proud to have lost their children in the path of the Almighty God and the noble Islam and are ready to sacrifice whatever else they possess. They know that what they have gained is more valuable than the loftyParadise, let alone the trivial worldly things. And our nation, and also Islamic and oppressed nations of the world are proud that their enemy-who are the enemies of the glorious God, the Holy Qur'an and the noble Islam-are savages who would not hesitate to commit crimes and treacherous acts for their wicked and criminal goals and for obtaining domination and for satisfying their basic interests [and in so doing], they recognize no enemy or friend. Chief among them, America, this self-indulging terrorist, is a government which has enflamed the whole world and its ally is international Zionism, which, in order to satiate her desires will commit crimes which pens are embarassed to enumerate and tongues likewise to describe; the silly notion of greater Israel leads them to commit every conceivable crime. Muslim nations and the oppressed people of the world are proud that their enemies are the Jordanian [king] Hussein, this professional vagrant criminal, and [king] Hassan and Hosni Mubarak [of Egypt], the cohorts of Israel, are criminals and are in the service of America and Israel. [They] do not hesitate to commit any kind of treason against their own nations. And we are proud that our enemy is the Ba'athist Saddam who is recognized by friends and foes as a criminal and a breacher of the principles of international law and human rights. Everyone knows that his treacherous acts against the oppressed people of Iraq and the Shiekhdoms of the Persian Gulf are no less grave than those committed against the Iranian nation. We and [other] oppressed nations of the world are proud that international mass media and the propaganda machine accuse us of crimes and treasons that only the criminal superpowers dictate and order.

What pride would be more sublime and more dignified than to witness that America, despite her claims, military machine, her puppet governments, her having access to the wealth of the oppressed nations, and her control of mass media, failed and lost face before the upright nation of Iran and the country of his Holyness *Baqi-at-Allah* [special designation for the Shi'i twelfth Imam], may god sacrifice us upon his coming, to the point that she does not know to whom to turn to. Whomever she turns to, she is refused ant this could not have come about but only through the indivisible aids from the Almighty, Whose Greatness is the Highest, and Who has awakened nations, especially the Iranian nation, and has elevated it from the darkness of despotic monarchy into Islamic light.

On this occassion, I advise the noble but oppressed nation of Iran not to divert from the straight path and to follow neither the atheist East nor the oppressor West, but rather be firmly committed, loyal and dedicated to the path which is granted to them by God. Never neglect appreciating this blessing and do not allow unclean elements of the superpowers, whether foreign elements or internal ones, who are worst, to shake its pure intentions and to interfere with its iron will. You should know that the more the international mass media is antagonistic towards you, the more it reflects your divine power, and the Almighty God shall punish them both in this world and in the Hereafter. Truely He is the Lord of all blessings and «in His hand lies the dominion over all things,» [The Qur'an: XXIII:88]. I earneṣtly appeal to Muslim nations to follow wholeheartedly, sacrificingly-both self and loved ones-and with proper manner, their Holyness the Imams, particularly their political culture, social [manners], economic and military [principles], and never to abandon, even an inch, the traditional jurisprudence *(fīgh-e sonati)*, which is the manifestation of prophetic and Imamate school and the guarantor of the enhancement of nations, whether the Primary Ordinances *(ahkam-e Avvaliye)* or the Secondary Ordinances *(ahkam-e thanaviye)*, both of which are schools of Islamic jurisprudence. Never heed the temptations of the misguided enemies and beware that one deviate step would mean the prelude to the corruption of religion, Islamic ordinances and the Divinely Just and Righteous Rule. For example, never neglect the Friday congregational prayers which reflect the political dimension of prayers: This Friday prayer is among the greatest blessings that the Almighty has granted to this nation. Also never neglect the mourning ceremonies on the occasions of the martyrdom anniversaries of the Imams, particularly the master of all martyrs his Holyness Abi-Abdollah Hussein (A.S.) (may God, His angels, the Prophets and saints bless his great and daring soul).

People should be reminded that the decrees of the Imams (A.S.) for commemorating this great epic[4], and whatever curses that have been sent to the enemies of the Household of the Prophet are, in fact, the heroic cries of nations against the tyrannical rulers throughout history to the end. You should know that the curses against the injustices of the Umayyads, who have been eliminated from the face of the earth and dropped into hell, reflect the cry of [the people] against the oppressors of the world. It is necessary to preserve these curses, and it is necessary to include elegies in the memory of the Imams (A.S.) and also the condemnation of the oppressors of each epoch. The present era, which is the epoch of the oppression against the Muslim world by America, the Soviets and their lackies, such as the Saudis, may God's curse go to them, this conspirators against the House of God: they should be condemned firmly. We should all know that what will unite Muslims is this Political ceremony [the Friday prayer], which will protect the dignity and preserve the identity of Muslims, particularly the Twelver Shi'is.

What I need to remind everyone here is that my politico-religious testament is not written solely for the noble people of Iran, but it is an advice for all Muslim nations as well as the oppressed people of the world, regardless of nationality and creed.

I humbly appeal to the glorious and magnificent God to never neglect us and not to deny the children of Islam and our beloved combatants His divine blessings.

Ruhollah Musavi Khomeini

In the name of God,
the Compassionate, the Merciful

The magnificent Islamic Revolution in Iran, which has been the accomplishment of millions of estimable people and the product of the effort of thousands of memorable martyrs and disabled citizens-the Living Martyrs-and which is the hope of millions of world Muslims and oppressed masses, is so great an achievement whose description defies the power of pens and speech.

I, Ruhollah Musavi Khomeini, who despite the bulk of my faults, am not hopeless about the great benevolence of the Supreme Lord, and who am setting out to the next world with a travel kit for this perilus journey solely of my trust in the benevolence of the Generous Supreme Being, take this opportunity to mention a few items-repetitious as they may seem-in my capacity as a humble student of religion, placing my hope, like my brothers-in-faith, in this revolution and in the permanency of its fruits and its further fruition, doing so as my last will and testament to the present generation and to our dear future generations, and imploring God, the Merciful, to inspire me with absolute sincerity in my so doing.

1. We understand that this Great Revolution which curtailed the influences of world-devourers and tyrants from the great Iran triumphed with the Invisible Help of His Divinity. In the face of the vast propaganda against Islam and the ulama, especially during the present century; of the bulk of the divisive insinuations by publicists, and silver-tongued people in the print media and in public meetings disguised as expressions of nationalistic sentiments; of the bulk of the facetious poetry and derisive witticisms, of the number and variety of quarters for prostitution,

gambling, immoral amusements, drinking and narcotics aimed at attracting the young generation-a generation with an inherent commitment to the progress of our beloved country-towards corruption and indifference towards the treacherous acts of the corrupt Shah and his uncultured father; of the governments and puppet parliaments imposed on the nation by foreign embassies in Iran; of the status of colleges, universities, high schools and educational institutions with their West-struck or East-struck *(gharbzadeh ya shargzadeh)* teachers and professors hostile to Islam, to the Islamic and national culture, for that matter, posing themselves as promoters of nationalism, against the presence in their circles of committed and very concerned people who could not do anything because of their being only a hard-pressed small minority; of tens of other problems, such as the government-led isolation of the scholars (ulama) and the adulteration of the ideology of many of them by force of the state propaganda machinery, this nation of 36 million could not possibly have succeeded in its solid uprising with a unity of purpose and with the call of «God is Great» *(Allahu Akbar)* relying solely on their own miraculous self sacrifices, sweeping out the ruling powers in the country and doing away with the foreign powers, making themselves the masters of their own fate. No doubt, therefore, the Islamic Revolution in Iran stands out from all other revolutions for its origin, for the features of its struggle and for the motive behind it. Doubtless, the Revolution in this country has been a gift of God and a favour from the Invisible bestowed on this ravaged and tyrannized nation.

 2. Islam and the Islamic government are divine entities, the fulfillment of which guarantees prosperity in this world and salvation in the Hereafter in its optimum form. It is capable of nullifying injustices, tyrannies, ravages, and corruption, and of helping humanity attain its lofty goal. It is an ideology which, unlike irreligious ideologies, has guidelines for and oversees every aspect of the private life of the people as well as the social, material, spiritual, cultural, political, military and economic system of the society without overlooking any point, however trivial it may seem, in connection with the education of men, and the society and their material and spiritual progress, reminding man of stumbling blocks and impediments on the road to perfection and offering solutions to those problems.

 Now that with the grace of God the Islamic Republic has been instituted with the mighty hands of the committed people of this country, **and bearing in mind the supremacy of Islam and Islamic edicts as far as it** concerns the Islamic Republic, it is the obligation of the noble people of Iran to strive for the fulfillment of all aspects of the system, since the preservation of Islam takes precedence over all other obligations. The great prophets, starting from Adam (A.S.) to Seal of the Prophets (S.A.W.), performed acts of self-sacrifice and struggled untiringly for that cause without allowing themselves to be hampered by any stumbling block for this cause, and their struggle was upheld later by their self-committed disciples, and by the Imams (A.S.) who did their utmost for the promotion of that cause without hesitating to shed their blood for it.

Today, it is a responsibility of all Muslims generally and the Iranian nation specifically to safeguard as best as they can the divine entrustment which has been officially pronounced in Iran and which has produced great results over a short period of time, and to create the conditions necessary for its perpetuation as well as remove obstacles and surmount hindrances on its way, so that hopefully its brilliant rays may eventually illuminate all Muslim countries, prompting governments and peoples to reach mutual understanding in relation to this vital issue and helping them to eliminate, once and for all, the influence of world-devouring superpowers and the criminals of history from the tyrannized and downtrodden people of the world.

I, who am now taking the last breaths of life, beg to present hereunder in response to my obligation to the present and future generations, some of the elements which are instrumental in the protection and perpetuation of this divine gift, as well as some of the obstacles and hazards which threaten it, and I ask the Almighty for the success and prosperity of all.

A) Indisputably the secret of the permanence of the Islamic Revolution in Iran is the same secret that caused its triumph. The nation already knows the secret of the victory of the Islamic Revolution, and the future generations will read in their history books that two principal constituents of the Revolution were its divinely-based ideology and the solidarity of the people throughout the country with a unity of motto, with a sameness of spirit and aspiration for the same goal.

I advise all generations, present and future, who want to witness the continued life of the divine rule and witness also the elimination of the influences of colonialists and exploiters, in, or outside of, the country, from their land, cannot do better than to continue to preserve the same theocentric feelings which the Supreme Lord has emphasized in the Holy Qur'an; a feeling which helps us to forget individual differences. The complex international propaganda machinery, which is the mouthpiece of our enemies as well as their local offshoots here and there, is exploiting all its resources for airing rumours and divisive lies and expending billions of dollars on that for an obvious purpose. So, too, are the regular trips to the cities of the region by the enemies of the Islamic Republic of Iran, among them, unfortunately, being certain turban-wearing pharisees, overlords and chiefs from certain Muslim nations who think but only of their own personal good, who are unprotesting servants to the United States. Thwarting the divisive and destructive propaganda should be the concern of the Iranian nation and the world Muslims today and tomorrow. I advise Muslims, and especially the Iranians of the contemporary period, to react to all hostile propaganda, to solidify their ranks and their unity by whatever means and thereby dishearten the unbelievers and the hypocritically self-righteous enemies [of Islam and the Islamic Revolution].

B) Among the table conspiracies during the present century and especially during the last few decades and since the victory of the Islamic Revolution is the vast worldwide propaganda for dismaying nations and especially the self-sacrificing people of Iran with a view to making them lose their confidence in Islam and eventually renounce it. Sometimes they do it directly, albeit crudely suggesting, for example, that the edicts of Islam which were established one thousand and four hundred years ago cannot possibly be relied on as laws on the basis of which to administer countries in the present century; that Islam is a reactionary religion opposed to every innovation and to the manifestation of modern civilization, or that in the present era the world's countries cannot discard the world's civilization and its manifestations. And similar foolish and occasionally malicious and vicious propaganda nicely wrapped and offered in the form of pro-Islamic propaganda and under the pretext of support for the sanctity of Islam say, among other things, that Islam and other divine religions are concerned about the spiritualities, about the moral rectification of mankind that they invite them to resign earthly pursuits, that they invite man to renounce the material world and engage himself in acts of worship, saying prayers and devotions which, they argue, bring man nearer to God and distance him from the material world, that involvement in the administration of state and government and politics is against that lofty and spiritual goal because the latter activities are solely for this material world, which is against the teachings of the great prophets. And it is unfortunate that the propaganda of the latter category has affected certain Muslim clerics and religious persons who are uninformed about Islam, even leading them to conclude that interference in politics and government tasks is a cardinal sin; and perhaps some know the magnitude of this very disaster which has befallen Islam.

Advocates of the first notion, are either virtually uninformed about government, laws and politics or feign ignorance for their private purposes; for the execution of laws based on justice, equality and fairness; the checking of oppressors and oppressive rules, the promotion of justice for individuals and the society, the checking of corruption and prostitution and of other deviated indulgences; and alternatively, recognition of civil liberties on the basis of reason and justice for attaining independence and self-sufficiency, and for preventing colonialism, exploitation, slavery and servitude; for executing corporal punishments on the basis of justice and for preventing the corruption and destruction of society; as well as engagement in politics and the administrative affairs of society on the basis of reason, justice and equity and other (factors) are not things which might become old-fashioned or out-dated in the passage of time and for man's communal life. The argument to the contrary would only be as sound as suggesting that in our present century the common sense laws as well as the laws of mathematics should be replaced by new laws, or that although as early as the beginning of man's creation the Almighty ordained that social equality be administered, and tyranny, plundering and homicide be prevented, today at the nuclear age those divine laws are old fashioned and outdated.

The pretension that Islam is opposed to technological innovations-such as the perception of the ousted Muhammad Reza pahlavi that they [the ulama and advocates of the Islamic Revolution] advocate travel by quadrupeds-is but a stupid allegation. If by «the manifestations of civilization and innovations» they mean inventions and new products and advanced technology which contribute to the progress of man and his civilization, the idea has never been, nor will it ever be opposed by Islam or any other divine religion. On the contrary, Islam and the Holy Qur'an stress the value of science and learning and technology. But if «civilization and modernity» is to be interpreted according to the terminology of some professional intellectuals who define it as liberty to engage in religiously prohibited acts, including prostitution and even homosexual relations and the like, then I can only say that the idea is invariably opposed by all divine religions and people, however, the West and the East may advocate the idea and propagate these same practices in their blindfold adherence to conventionalism.

But as for the second category of opponents of Islam who have malicious designs, and who separate Islam from government and politics, they need only be reminded that the Holy Qur'an and the traditions of the Messenger of God (S.A.W.) have more edicts in relation to government and statecraft than in any other area. More importantly, many of the apparently devotional precepts in Islam are truly politico-devotional precepts, the overlooking of which has been responsible for the present afflictions of the Muslim world.

The Prophet of Islam (S.A.W.) instituted a government like other governments of the world except that his was one for the purpose of promoting social justice and, likewise, the early Muslim caliphs had full-fledged governments and so was Imam Ali's (A.S.) government which was broader and more inclusive and which is an obvious record in history. Subsequent governments, too, were established in the name of Islam, and even today the governments which pretend to be Islamic and to have been founded on the edicts of Islam and Prophet Muhammad (S.A.W.) are varied and many.

In this last will and testament of mine I will do it as briefly as I can, trusting that our men of letters, our sociologists and our historians will disillusion Muslims that the prophets were (A.S.) concerned solely with spiritualities, that involvement in government and management of the state affairs are condemned in religions, that the prophets and the saints refused to get themselves involved in these areas and that, by the same token, we, too, must guard against getting ourselves involved in those concerns is a sad mistake which entails the destruction of Muslim nations and opens the door for the bloodthirsty colonialists. On the contrary, the idea that is discounted is the very existence of satanic, and dictatorial tyrannical governments which are instituted for the very purpose of domination over the masses, corrupt worldly pursuits, including the accumulation of wealth, the gaining of power, and the status of worldly gods and, in essence, involvement in such worldly concerns which tend to make man overlook the Blessed and Supreme Lord. Institution of a government for administering justice in the interest of the oppressed and downtrodden masses, for preventing tyranny and oppression and for instituting social equality similar to what Solomon and the Glorious Messenger of Islam (S.A.W.) and his noble disciples struggled for is among prime duties and its establishment is a lofty act of worship since the rational politics which mark such government form a principal social requisite.

I exhort the wakeful and vigilant people of Iran to neutralize such plots relying on their Islamic perceptions, and also exhort our self-committed writers and public speakers to help our nation, and thereby eliminate the conspiring worldly satans of our time.

c) And of the same category of plots-and perhaps more malicious than the rest-is the hostile propaganda by way of rumour-making which regularly festers the air throughout our country, boiling down in essence to insinuations claiming that the Islamic Republic, like its predecessor, has not done anything for the people; that the «poor» people, with such fervor and enthusiasm as they had, did acts of self-sacrifice to rid themselves of the tyrannical rule of the oppressors only to find out eventually that they were plagued by a worse regime; that the arrogant moneyed class has become even more arrogant; that the oppressed masses have become more oppressed; that the prisons have become crowded with the young people who were the hope for the future of the country; that acts of torture are now more common than and more beastly than they were during the past regime; that every day a number of people are executed in the name of Islam; that the government here would have been wiser if it did not call itself Islamic; that these times are even more terrible than they were during the times of Reza Khan and his son; that the people are being drowned in a deluge of agonies, hardships and the high cost of living; that the people at the helm of the state are transforming this government into a communist government; that the personal properties of the people are being expropriated; that they are being denied civil liberties in every aspect, and the likes of such rumours which are being published as a strategy for a malicious scheme. That they are the tools for promoting a conspiracy can be readily witnessed. Rumour- making is undertaken as a periodical and regular device, each rumour being published for several days until another is in the air; the usual platforms for airing them being our taxi cabs, our city buses, and wherever a small gathering of people presents itself as a potential forum for airing those rumours; and once one rumour has lost its credibility another is invented and aired. And it is unfortunate that some of our ulama who are unsophisticated about satanic devices are likely to fall prey to publishers of rumours and allow themselves to conclude that what they hear in the form of rumours is true, because they are uninformed about the state of world affairs, about the world revolutions, and about the developments and the inescapable hardships that have followed other revolutions elsewhere in the world, and about the developments which are in the interest of Islam, and who listen to those rumours with blind eyes and who out of no ill will, or perhaps with deliberate ill will, promote the same insinuations.

I ask of you all not to try to find fault with the Islamic government and not to try to discredit the government or indulge in scurrilities against the system without first having studied the present status of world affairs and compared the Islamic Revolution in Iran with other revolutions elsewhere in the world; without first having studied the situation in other countries during and after revolutions; without first having looked at the afflictions inflicted on this country by Reza Khan and his son Muhammad Reza as a result of their plundering of the wealth of this nation; without first having studied the destructive pre-revolution dependence [on foreign powers], as well as the ruling system in government ministries at that time; without first having studied the status of the nation's economy before the revolution, and of its armed forces; without first having looked at the centers for corrupt fun-making, and recalled the places for dispensing intoxicants [liquor stores] and for promoting an unethical way of life and irresponsible attitude in every aspect of the people's daily life; without first having recalled the shabby status of education in the pre-revolution time, and the prevailing atmosphere in high schools, and in our colleges and universities; without first having recalled the status of our movie houses, and recalled also the professional places for debauchery, the status of our youths, our women, and the afflictions of the holy, the religious people and self-committed freedom-lovers and our oppressed but virtuous women during the past regime; without first having recalled the status of our mosques at that time and also studied the cases of those who were executed after the Islamic Revolution or those who were found guilty and sentenced to prison terms; without first having investigated the performance of public officials, and observed the collection of data on the assets of capitalists and big landlords and on the status of hoarders and profiteers; without having investigated the condition of the post-revolution courts and revolutionary tribunals against the status of our justice system before the revolution, and having compared the post-revolution judges with their predecessors before the revolution, and investigated the status of the deputies of the *majlis* [parliament] of the Islamic Republic and members of the cabinet as well as governors and other post-revolutionary officials and compared it with that of their predecessors; without having studied the performance of the government and of the Construction Jihad[6], in under-privileged villages, which did not even have piped water and basic health care services, and compared it with the situation during the past regime in light of the burden of the war imposed on Iran and its natural consequences, such as the multi-million war refugees and bereaved families and war-injured people and the million-strong refugees from Afghanistan and Iraq in the face of economic sanctions against Iran and regular plots against Iran by the United States and its agents in and outside of Iran, to say nothing of the shortage of Islamic propagandists, religious judges, and the confusion created since the culmination of the Islamic Revolution by the enemies of Islam and deviated people and even by feeble-minded friends of the Islamic Revolution, or of tens of other things.

I ask of you all to have mercy upon this estranged Islam which, in the wake of hundreds of years of the tyranny of power-wielders and as a result of the ignorance of the masses is now only revived unsteadily like a tottering child beleaguered by enemies in and outside of our country, and ask of you also to judge for yourselves whether you would not do better by supporting the oppressed and the tyrannized people rather than condemning the Islamic Revolution, and think of the assassinated people, rather than supporting the hypocritically self-righteous[7], the tyrants, the capitalists, and the cruel hoarders.

I have never said before, nor do I propose to claim now, that the great Islam is observed and implemented in its full implications in our Republic, or that there are none who act against the instructions of Islam either out of ignorance, or for personal hatred or lack of self-discipline; but I say that the legislative branch as well as the judiciary and the executive branches of the government have been trying hard to Islamicize this country, that a multi-million nation here supports the government, and that if this minority of naggers and obstructionists, too, lend a helping hand, the aspirations of the Revolution will be attained more easily and more speedily; and that if, God forbid, they do not come to their senses they will not be able to stand against this roaring deluge of the people. Since the millions of masses are wakeful and conscious of the situation and at the scene, the humanitarian and Islamic aspects of the Revolution will eventually materialize. I say with confidence now that the Iranian nation and the multi-million masses in this country today are better than the people of Hijaz at the time of God's Messenger (S.A.W.), than the people of Kufah and Iraq during the era of Imam Ali (A.S.) and

Imam Hussein (A.S.).

At the time of our Prophet (S.A.W.) the people of Hijaz would not obey his order to go to the battlefronts and would bring excuses to evade the task so much so that in the Chapter Repentence (The Holy Qur'an: IX) the Almighty has reproached them, and assured them of retribution, and they imputed to him so many lies so far so that, as has been related, he cursed them on the pulpit; and also the people of Iraq and Kufah wronged Imam Ali (A.S.) as much as they could and they disobeyed him, and the complaints of His Holiness of those people of his time is recorded in religious and history books. Also, the Muslims in Iraq and Kufa were the same people at whose time that greatest injustice of all time befell the Master of All martyrs [Imam Hussein (A.S.)], and even, those among the people of Kufa who did not actively challenge him with swords either fled the scene or chose to sit back and watch what would happen. In contrast, however, today we see that the Iranian nation, including the armed forces and the military men and the *Sepah* [Islamic Revolution's Guards Corps-IRGC] and *Basij* [the Mobilized] and populist forces of tribes and of other volunteers are performing acts of self-sacrifice at the war fronts and that the people behind the fronts are doing the same with the utmost enthusiasm and create epics, and we see our respectable people throughout the country giving liberal contributions to the national effort. We also see that the bereaved families who have lost their relatives at the battlefronts and the relatives of wounded veterans say only encouraging words to us with fervor and confidence, which is an evidence of their love of and their faith in God and Islam and the Hereafter, despite the fact that they are living neither at the time of His Holiness, the Greatest Prophet (S.A.W.), nor at the time of Infallible Imams. In so doing, they are motivated solely by their faith in the Invisible, which is the secret to victory in its various dimensions, and Islam should take pride in rearing such offsprings, and it is a matter of great pride to live in this era and to be in the presence of such a nation.

And I take this occasion to address myself to those who, with various motives, oppose the Islamic Republic, as well as the youth both boys and girls who are being exploited by the *monafiqan* (hypocrites) and opportunist deviants who seek their benefit at the expense of others, and I call on them to judge for themselves without bias and with a clear mind, and examine the propaganda of those who wish to see the collapse of the Islamic Republic, as well as watch their behaviour with the oppressed masses, and the groups and the (foreign) government which have supported them, and the people in our country who are their supporters and their periodical change of position which they make at various junctures. I wish the people who would like to see the collapse of the Islamic Republic to investigate the character of those who were martyred in the hands of the hypocrites and deviants and reevaluate them against their enemies. There are recorded tapes of those martyrs and you, too, may have recorded tapes of the opponents of the system. Just find out for yourself which group is really concerned about and committed to the oppressed and tyrannized people.

My dear brothers, you are not reading these pages while I am living, but probably after my death. Then, I am not among you to be tempted to exploit your sentiments for selfish interests or do so in a struggle for power. Because you are meritorious youths I long for you to spend your youthful years at the service of the Almighty, our beloved Islam and the Islamic Republic so that you will become prosperous both in this world and in the Hereafter. I implore God, the Forgiver of Sins, to lead you along the straight path of humanity, and to forgive our and your past with His Bountiful Mercy. You, too, implore Him for the same in your private moments, and rest assured that He is the Leader and the Compassionate.

And I have a word by way of this last will and testament of mine to the noble people of Iran and to other nations who are plagued by corrupt governments and are under the yoke of the big powers. I call on the dear Iranian nation to endear the blessing which they have gained with the great struggle of their own and with the blood of themselves and the blood of their young ones and to cherish it as the most beloved thing, to safeguard and protect it, to toil for this great divine blessing and this great divine entrustment, to challenge the obstacles on this straight way, without fear because «If you help Allah, He will help you and will make your foothold firm.» [The Qur'an: XLVII, 7]. Contribute to the solving of the problems of the Islamic Republic with your hearts, consider the cabinet and the *majlis* [parliament] as being of your own, and protect them as an endeared blessing.

And I also exhort the *majlis*, the government and administrators to appreciate the merits of this nation and to serve them and especially the oppressed and tyrannized masses who are the light of our eyes and benefactors of all, who instituted the Islamic Republic as a result of their acts of self-sacrifice; the survival of which, is the result of their services. Consider yourselves as having risen from the masses and consider the masses as being in your circle; always condemn the governments of the oppressors that were and are uncultured plunderers and empty headed bullies, by humane acts befitting an Islamic government.

And as for Muslim nations, I exhort them to follow the example of the Islamic government in Iran and of Iran's struggling people, and subjugate your own cruel governments in the event that they do not yield to the demands of their peoples, which is the [same as the] demand of the Iranian nation, and exhort them to remember that the government dependent on either the West or the East is the cause of the misfortune of Muslims. And I advise you against heeding the hostile propaganda of the enemies of Islam and the Islamic Republic, for they all intend to do away with Islam so that the interests of the superpowers will be safeguarded.

D) A satanic scheme of the big colonialist powers and imperialists, underway for years now, which reached its climax in Iran during the reign of Reza Khan and was followed by Muhammad Reza was the scheme of isolating the ulama. During the reign of Reza Khan the strategy was to oppress the ulama, to defrock them, to imprison them, to banish them, to slight them and to execute them, and at the time of Muhammad Reza the scheme was followed up by other means, such as [pitting] the university students and university educators and the ulama against each other, and they did this with the help of vast propaganda which unfortunately, because of the negligence and unsophistication of both groups about the satanic devices of the superpowers, proved to work. On the one hand, they did their best to make sure that teachers in elementary schools, high schools and college professors and chancellors of universities were selected from among those who were West-struck or East-struck or from among the un-Islamic individuals and deviated people who do not adhere to any religion. They did their best to ensure that the self-committed pious people would be a small minority, and to ensure that those who take the helm of the country in the future would be the same people who hate all religions, especially Islam, and the people associated with religions, particularly the ulama. At that time they pretended that such people, the ulama, were the agents of Britain and advocates of the capitalists, and big landlords and advocates of reactionaries, and later they said the ulama were opposed to progress and civilization.

Alternatively, by their sophisticated hostile propaganda they led the ulama to fear college students and university educators because the propaganda invariably labelled all college student educators' as being irreligious, abandoned and opposed to Islam and other religions. The idea was to make sure that the people at the helm were opposed to Islam and other religions and the ulama and religious people, and that anything related to the government, and that deep schism between the government and the masses and university students and educators would pave the way for the indulgence of plunderers so that every aspect of the business of the government would be in the hands of plunderers who could pocket the resources of our country, as they had during the previous regimes and were continuing to do, with obvious implications.

Now that by the will of the Blessed and Supreme Lord and due to the struggles of the nation, including the ulama, college students and traders and toiling men and farm workers and other sectors of the society, the people have broken the shackles of bondage and the hindrance of the superpowers and rid the nation from their hands and from the hands of the agents of those powers, I exhort the present and future generations against tending to overlook the implications of the situation, and I call on the college students to solidify their bond with the ulama and religious students of theology, and never to neglect the schemes and conspiracies of our treacherous enemies, to guide and admonish any individual whom they should see trying to sow the seeds of discord between them, and in the event their words did not work on him renounce and ostracize him so that the plots against us will not take root, because it is easier to stop the current from the fountainhead. If they should encounter a professor at their college who tends to mislead the youth, the students should guide him and if they should be unsuccessful they should reject him as a professor. I have addressed myself here mainly to the ulama and theological students, since plots at the universities are very grave and every respectable stratum of our society acting as a think-tank should watch for plots.

E) Among the gravest conspiracies which, unfortuntely, has left destructive effects on our beloved country has been the plot to alienate colonialized countries and make them look to the West and the East as their models. So much so that those nations eventually lost their self-esteem and their trust in their own cultures [and are] looking to the West and the East as the two poles of power with a nobler generation and loftier culture and concluded that their countries could not but become dependent on either of them. This has been a long and saddening story and the blows we suffer from the two powers are pounding and deadly. More saddening, however, is that the two powers have checked the progress of the nations whom they attempt to make consumption-oriented, and instil a fear in us of their technological advancements and of their satanic power and destroy our self-confidence to test our own intuition, so that we entrust whatever we have to their hands and sit quiet and blindfolded and leave the administration of the state to those powers. This sense of self-nothingness and this feeling of dullness as inculcated in us by the big powers served to make us distrust our own knowledge and expertise and capacity in all areas and led us to simply try to imitate the West and the East blindfoldedly, our own West-struck and East-struck unculturd men of letters and public speakers disparaging our own culture and literature and technology and intuition, as little or as much as we had, belittling our own inherent capacities and alternatively publicizing the exotic culture of foreigners, even though they might be totally absurd and ridiculous, and forcing those cultures upon the nations by admiring them even in our own time. To cite an example, if a book or an article or a lecture included several non-native words, that book or article or lecture would be commended and its writer or speaker encouraged as a learned and intellectual person. For the nomenclature of our native things, too, names from the Western or Eastern languages seem to suggest status and civilization and are likely to be received by the public with applause, be they the name for anything ranging from «cradle» or «grave», whereas native names would be outmoded and a sign of reactionism. The craze for Western culture persists in all areas: if our children happen to have Western names they feel proud and if they have native names they feel embarrassed and backward. The names of our city streets, shops, companies, drug-stores, bookshops, as well as the writings on materials and other commodities would sound a lot better if they were foreign words-even though those commodities are domestically produced-enduring better reception by the people. European-styled mannerisms in every behaviour, in social contacts, and in every aspect of our daily living is a source of pride and a sign of being civilized and progressive, and in contrast manifestations of native culture are signs of backwardness and of being old-fashioned. To remedy your illness, however trivial and curable it may be at home, you should go abroad, and thereby belittle and reject your native but capable doctors.

[As the propaganda for western and eastern cultures suggest], to go to England, France, the United States and Moscow is a source of pride for the Iranian traveller, and to go to Mecca and to other holy shrines for pilgrimage is a sign of backwardness. A lack of concern about religion and its related topics and spirituality is evidence of intellectuality and, in contrast, a commitment to such things is a sign of backwardness and reactionism.

I do not claim that we ourselves have everything we need. Obviously, during recent history and especially during the past few centuries they [the foreign powers] blocked our progress in every area, and the treacherous people at the helm, and especially those during the Pahlavi dynasty, and the destructive propaganda against our native capacities as well as the infusion of the feeling of self-unworthiness, served to block our every effort for technological advancement. The importation of foreign-made products of whatever category, the induced preoccupation of women and men, especially the youth, with a wide variety of imported goods, including cosmetics, luxury items and childish toys, the pitting of people and families against each other in a race for consumption-it is a sad story-and the attraction of our youth-potentially the most active members of the society-to prostitution and to places for that purpose and for sensual pleasures, as well as tens of other devices, are schemes for keeping the countries backward.

Now that we have largely disentangled ourselves from those traps, seeing the unprivileged present generation rising up to work and contribute to the technological and industrial progress of our country, many of our factories manufacturing such things as aircraft, in the face of initial feelings of their incapacity for turning the wheels of our factories and the feelings of an eventual turning to the West or the East for help, our youth manufacturing many parts and components to cope with economic sanctions and the imposed war and offering those items at lower prices than similar foreign-made products and demonstrating the native capacity, by this last will and testament of mine I beg to offer this nation my heartfelt advice against allowing themselves to be lured to the international plunderers and succumbing to the satanic insinuations of the politicians dependent on the West and the East, and advise them to rise up for ending the remaining symptoms of dependence with diligence, resting assured that the Aryans and the Arabs are not inferior to the Europeans, to the Americans and to the Soviets, and assure them that once they have discovered their true selves [they will] discard self-distrust and the tendency to expect help from others. Certainly, in the long run, you people will demonstrate the talent and the capacity to manufacture absolutely everything, and you are able to go as far as other people, like you have, provided only that you trust in the Blessed and Supreme Lord and have self-confidence and are committed to the goal of ending your [technological] dependence on foreign countries and are ready to tolerate the burden of hardships for attaining a dignified life and ridding yourselves of foreign domination.

It is incumbent upon governments and people at the helm, now and in the future, to appreciate their own native expertise, cheering them on by their material help and by their moral encouragement, to prevent the inflow of luxury but needless or ruinous products and to help the nation survive with what it has until they make everything they need. I call on the youth, both boys and girls, not to sacrifice independence, freedom and humanitarian values for attaining a luxurious life, however hard it may be, or for sensual pleasures and abandonment and for visiting the dens of prostitution which may be offered to you by the western powers or by their treacherous local agents. Based on all past experience they think only of seeing your destruction, of beguiling you into forgetting about what is going on in your own country and preoccupying you with other concerns so that they may plunder your wealth, and put the shackles of colonialism and dependence on your feet, and make you solely a nation of buyers of foreign-made goods. This is a device whereby they mean to keep you backward and, according to their own term, «semi-savage.»

F) Among the plots of the western powers, as I have all too frequently reminded, is to control our public educational system, especially our colleges and universities, which are centers for nurturing people for taking the helm of the country in the future. With the ulama and the holy and theological students they have a scheme which differs from that for high schools and universities. Their scheme is to do away with the scholars (ulama) and to isolate them, either by suppressive measures such as they did at the time of Reza Khan-which backfired and led to opposite results-or by publishing defamatory propaganda and implementing other satanic devices for alienating the ulama from the college students and college graduates and the so-called intellectuals-a device implemented by suppressive measures at the time of Reza Khan and which continued, though cunningly rather than by power of force, during the reign of Muhammad Reza.

At the college and universities the ideal of the foreign powers is to alienate students from their own native culture and to lure them to the West or the East and to select government administrators from the same category of graduates and install them in ranking positions so that the foreign powers may then exploit them as tools for doing whatever they want to this nation; so that they [the educated] will lead the country along a course ensuring the plundering of its wealth by foreign powers, and its orientation towards western cultures, the ulama being unable to counter the scheme because of their being isolated, hated and defeated. That is the best scheme for keeping colonized nations backward and for plundering their wealth, since it assures the superpowers of the unobstructed, unprotested, and cost-free pocketting of the wealth of nations.

Therefore, now that the universities and teaching colleges are being reformed with an academic and administrative purge, we have a responsibility to extend a helping hand to the people in charge so that we will ensure that never again in the future will our universities be misled to deviate education and anywhere we should happen to encounter a symptom of deviation we should try to rectify it as speedily as we can. This vital goal should be implemented first and foremost by the mighty hands of the youth in colleges and universities and teacher colleges, and to salvage the colleges and universities from academic ruin is to salvage the country and the nation.

I first and foremost exhort the youth and the youngsters and secondly their parents and friends and the people at the helm and self-committed intellectuals to endeavor with all their hearts in this concern and entrust the universities to future generations, as they should be. I also advise all future generations to protect the universities against the pitfalls of inclination to the West and the East, and by this humanitarian and Islamic endeavor eliminate the influences of big powers form their country and make them feel frustrated in their plots. May God be your Supporter and your Savior.

G) A Principal thing is the commitment of the members of the Islamic Consultative Assembly *(majlis)*. We witnessed what Islam and the nation suffered as a result of unqualified and deviate parliaments from the advent of the Constitutional monarchy until the rule of the criminal Pahlavi dynasty, and we remember the bulk of afflictions and grave losses as a result of the involvement of the worthless and servile criminals in state affairs, the sufferings they caused were among the worst of the past history.

During a period of fifty years, a treacherous pseudo-majority [in the parliament] against an oppressed minority acted virtually as the extended hands of the British and the Soviets, and more recently the Americans, for carrying out the wishes of those powers in Iran and for plunging the country into its doom. Since the institution of the Constitutional monarchy in this country, almost none of the important articles of the Constitution were observed. Before Reza Khan, the promoters of the western culture and a handful of tribal chiefs and big landlords acted as local agents of the foreign powers and, during the regime of the Pahlavis, [were replaced] by the very same criminal regime and its stooges.

Now that with the Blessing of the Supreme Lord and the willpower of the glorious nation of Iran the people are exercising the right of self-determination, the *majlis* deputies, as true representatives of the people selected by the people and for the people, without the interference of the government and tribal chiefs, and in view of their commitment to Islam, there is hope to expect that all forms of divergence from the right path will be prevented.

By this last will and testament of mine I exhort the nation to send only self-committed and qualified candidates to the *majlis*: people who are committed to Islam and to the Islamic Republic and who usually hail from the middle-class families as well as from the deprived masses; who do not diverge from the right path; who are not inclined to the Western or Eastern ideologies or to other deviated schools; who are educated and well-informed about political developments and Islamic politics.

I advise the revered ulama, and especially our highest religious sources *(maraje')*, not to be indifferent to and not to evade involvement in the significant issues of the society and especially in such issues as presidential elections and *majlis* elections. You all witnessed-and the future generation will read and hear-how the veteran politicians inclined to the West and the East managed to eliminate the ulama from the political scene: a people who had instituted Constitutional monarchy with their toil and much hardship, and how the ulama, too, were taken in by politicians into believing that involvement in state affairs and in the affairs of Muslims is below their dignity, and you witnessed their retiring from the scene and their giving up of the political arena to the crazy adherents of western culture, wreaking the havoc as they did to the Constitutional monarchy and Islam to make good on, which would still take a long time.

Now that with the grace of the Almighty the obstacles have been removed and a favorable atmosphere avails itself for the participation of all sectors of the society, there is no good excuse for evading our individual responsibility, and I remind you that to neglect the affairs of Muslims is a cardinal sin. Every person within his power and within the power of his influence must be in the service of Islam and the country, and must diligently prevent the infiltration of agents of the two colonialist powers, as well as the adherents of the Western or Eastern bloc ideologies, and rest assured that the enemies of Islam and Muslim nations, that is the ravaging superpowers, infiltrate Muslim countries gradually, systematically and in a creeping manner, exploiting the very people in those countries for luring them to the trap of exploitation. You must watch against such things and rise up against them as soon as you witness an indication of such infiltration, and you should not give them a respite. May God be your Aid and Protector.

I also call on the members of the Islamic Consultative Assembly *(majlis)*, present and future, to refuse votes of confidence to any person who should be found to be deviated and who should have paved his way to the *majlis* by fraudulent means and political artifice, and make sure that not one subversive and foreign-inspired element will find way to the *majlis*. I also advise the officially recognized religious minorities to learn a lesson from the era of the Pahlavi dynasty, and elect their representatives from among the individuals who are committed to their own religion and to the Islamic Republic, who are not inspired by the world-devouring foreign powers, who are not inclined to atheistic, deviate or eclectical schools of thought. I call on all *majlis* members to maintain a fraternal spirit and good will in their daily association with one another, and to make sure that, God forbid, the *majlis* bills will not be un-Islamic, that they are loyal to Islam and observe the divine decrees so that they will prosper in this world and in the Hereafter. I call on the respectable Council of Guardians *(Shuraye Negahban)*, and the future councils, to carry out their Islamic and national duties with utmost care and scrupulousness, without allowing themselves to succumb to any power and prevent theratificationof law bills which are against pure Islam and the Constitution without any hesitation, and also have an eye to the exigencies of the day which sometimes will have to be executed by way of Secondary Ordinances *(Ahkam Thanaviyah)* and at other times by way of the decree of the Guardianship of the Jurisconsult *(Velayet-e Faqih)*.

I call on the noble people of Iran to remain in the political scene, whether on the occasion of the elections for the *majlis* or presidential elections, or for [the Assembly of] Experts for determining the *leadership council*, or the leader. For example, in elections of Experts for determining the leadership council they should remember that if they do so carelessly and if they do not elect experts for the council on the basis of religious criteria and the relevant laws, it is likely that they will thereby have inflicted irreparable damage to Islam and to the country, in which case everyone will be responsible before the Supreme God. Therefore, to keep oneself aloof in such circumstances would be a cardinal sin, whether committed by the people, or the ranking ulama, or businessmen, or farmers, or workers, or government employees who are responsible for the fate of this country and Islam.

Then, as the old saying goes, an ounce of prevention is better than a pound of cure, or else the situation will be out of everybody's control. This was truly experienced after the Constitutional monarchy. There is no better remedy than to have a nation who, throughout the country, does only according to the Islamic dicta and the Constitution, to have a people who solicit the opinion of the committed educated people and people independent of the foreign powers and people who are well-reputed for their faith in Islam and in the Islamic Republic as well as the committed members of the ulama on such occasions as presidential elections, elections for the *majlis* and who make sure that the President and *majlis* deputies will be elected from among the candidates who have felt the oppression and deprivation of the oppressed masses and who are concerned about their welfare rather than from the group of capitalists, or landlords and aristocrats who indulge in sensual pleasures and who know nothing of the bitter taste of deprivation and hunger and the barefooted.

We should remember that as long as our presidents and our *majlis* deputies are worthy people and are committed to Islam and concerned about the country and the people, the [country's] problems will be fewer and more easily managed. The same considerations should be emphatically observed when electing Experts for determining the leadership council or a leader. The Experts who are elected by the nation shoud also consult the leading ulama of their time, and the religious personalities and committed learned men and make sure that as long as they work with scrupulousness they will prevent many problems, and will easily solve those that may be encountered. Articles 109 & 110 of the Constitution define the serious responsibility of the people for electing Experts and in turn of the latters for electing leadership council or for electing the leader, and it is evident that the slightest negligence and carelessness is most likely to inflict grave damage upon Islam and the country, making them responsible to God for their carelessness.

This era being the era of the inroad of the superpowers and their dependent elements in and outside of Iran, seemingly in the name of Islamic Republic and actually against the Islamic Republic, and more truly against Islam, I admonish that the responsibility of the leader and the leadership council is to devote their lives to the service of Islam, the Islamic Republic and the deprived and oppressed masses, and watch against the notion that they are dignified by reason of their offices since, truly speaking, offices like that are very heavy and precarious responsibilities in the performance of which any lapse, if, God forbid, is committed out of worldly pursuits, will entail a life-long infamy upon the incumbent and God's wrath upon him in the Hereafter.

I implore the Beneficent Almighty God and supplicate Him to receive you and me in His Kingdom only after He has helped us to pass proudly through this grave ordeal and to save us in our endeavors. The rest of the public officials, ranging from the President to lower-level officials, depending on the gravity of their responsibilities, too, are likely to lapse into pitfalls, today and in the future, wherefore they should always feel conscious of the presence of the Blessed and Supreme Lord wherever they are and feel themselves as being in His blessed company. May Almighty God lead them on the right path.

H) Judicature is a prime business of the government, and a branch which deals with the lives, properties and chastity of the people. By this last will of mine I call on the Leader and the Leadership Council to do their best in the designation of an incumbent for the highest judicial position and make sure he is self committed, has experience, and is an authority in *sharia* laws, as well as Islam in general and politics. I call on the High Judiciary Council to rehabilitate, as diligently as they can, the judicial affairs which during the past regime had degenerated into a shabby and deplorable condition, and to dismiss people who might be occupying judiciary seats in our law courts toying with the lives and assets of people without being really concerned about Islamic justice, to gradually reform the justice admininstration diligently and steadily, and to replace judges who are incompetent and unqualified from the point of view of Islam by other religiously educated and competent nominees graduated at our theological schools, especially the graceful Qum Theological School, so that with the grace of the Blessed and Supreme Lord, Islamic justice will prevail throughout the country. By this last will and testament and in view also of the traditions attributed to the Infallible Fourteen[8] (A.S.) in relation with the gravity of judiciary affairs and also in relation with perilous position of the judgements, I exhort all respectable judges of today and tomorrow to assume this task with due commitment and prevent the occupation of judiciary seats by unfit people, and advise the qualified people not to reject the offer of involvement in the task. Let them know that as great as the risks of this position are, just as great is its divine recompense, and know also that for qualified persons to engage in the task is a religious duty.

I) As for our theological schools, by this last will and testament of mine I feel impelled to repeat what I have said on frequent occasions before, namely, that our time is marked by a struggle of the opponents of Islam and the Islamic Republic for doing away with Islam by satanic designs and by the strategy of introducing deviate and vicious people into our theological schools; that as such the immediate, though grave, implication of the strategy would be to disrepute our theological schools by their unbefitting behavior and deviated ethics and principles, and that its long-term and exceedingly grave impact would be the coming to higher offices of one or a number of imposters who, by virtue of their insight of Islamic sciences, win the favor and affection of the masses and the innocent people, only to pound a deadly blow upon Islam, theological schools, and our country when the opportunity avails itself.

We know that the big plundering world powers have their own various agents of different categories among the people of other nations, such agents including nationalists, the imposter intellectuals and turban-wearing hypocrites, the latter being the most dangerous of all if given the chance. Sometimes they live among the people for thirty or forty years, assuming a quasi-Islamic, a clerical and a sanctimonious and saintly appearance, or hide themselves under such masks as «pan-Iranism» or pretend to be patriotic, resorting to all possible subterfuges, and when they find the opportunity they will inflict their blow upon the society.

Since the culmination of the Islamic Revolution, our beloved nation has seen examples of such people, among them the *Mujahideen Khalq Organization* (MKO), the *Fada'eyan Khalq*[9], the Tudeh party[10] and others and it is necessary that we all vigilantly neutralize such forms of plots. But most important of all are our theological schools in which the purgation must be carried out with the joint effort of our respectable theological teachers and senior scholars and with the approval of religious authorities of the time. Perhaps the proposition that «order» is in «disorder» is the sinister indoctrination theory of the very same plotters.

At any rate, my testamentary reminder on the topic is that in the face of the increasing plots and conspiracies in our time a breakthrough attack for giving a system to our theological schools is necessary, and it is necessary that our revered theological teachers invest time and effort in that so as our theological schools and especially the Qum Theological School will be protected against harm. It is incumbent upon the ulama and theological teachers to make sure that principal topics related to *fiqh* (Islamic jurisprudence) are presented unadulterated and in their proper format, which have been bequeathed to us by the leading pioneers in the field, and make sure each and every day of more and more scrutiny than in the past, with a view to safeguarding the traditional *fiqh* which is the bequest of our elders and to deviate from which would be to undermine the foundations of our scholarship, and so that new scholarship will regularly follow previous scholarships. Naturally, for other areas of human learning other programs will be prepared, and more people should be provided education in those areas but among the most exalted fields of human learning and education are the spiritual sciences of Islam such as ethics, spiritual edification and moral uplifting, which are the hardest struggles of all.

J) The executive branch of the government is one that needs to be purged, reformed and protected. At times it is likely that plausible bills are ratified by the *majlis* and endorsed by the Council of Guardians and then communicated to responsible administrators by the relevant government minister, but that the law degenerates in the hands of the former, or its execution becomes entangled in customary red tape and bureaucracy, which may be deliberately hampered with for the purpose of disconcerting the people and gradually arousing their revolt.

My exhortation to our government ministers and their future successors is: You and the employees of government ministries make a living by receiving salaries from a budget which belongs to the nation and, therefore, you should all be serving the people and especially the oppressed masses. To needlessly inconvenience the people and behave against the responsibility is now a religiously sinful act which may sometimes, God forbid, incite divine wrath. You all need the support of the nation. We owe the victory of the Islamic Revolution to the support of the people, and especially to the support of the oppressed masses, and owe it to them for having stopped the tyrannical monarchy from plundering our land and from its resources. Bereft of their support, you will be done away with and tyrants such as there were during the monarchy will occupy your offices. Therefore, in the face of this obvious reality you should do your best to win the favor of the nation, and to discard un-Islamic behavior.

By the same token, I advise the future incumbents of the Interior Ministry to exercise maximum scrupulousness in their selection of Governors-General and to make sure that they will be meritorious, pious, self-committed, wise and well-behaving people so that the country will have complete peace. Although invariably all government ministers are completely responsible for administering the affairs of their ministry according to the dictates of Islam, some have a heavier responsibility than others, among them the Foreign Ministry, which is in charge of our embassies abroad. At the beginning of the victory of the Islamic Revolution I gave periodical advice in connection with the prevailing monarchical morality in our government ministries and the need to reform government agencies consistent with the character of an Islamic Republic. Some government ministers, however, either refused to reform their ministries or were unsuccessful in their efforts for doing so. Today, three years[11] since the victory of the Islamic Revolution, the Foreign Minister has undertaken various measures for this purpose and I hope this significant undertaking will be accomplished by the investment of more time and by continued application.

My testamentary advice to the Foreign Minister and to future incumbents of his ministry is: You are shouldering a grave responsibility. Both for reforming the Foreign Ministry and our embassies and for recasting our foreign policy and protecting the nation's independence and its interests and for establishing friendly relations with the foreign governments which do not intend to interfere in our internal affairs, and avoid anything that is contaminated by any kind of dependency.

Remember that although in some areas dependence on a foreign country might seem perfectly acceptable, having certain transitory advantages, in the long run it will cause the destruction of the country. Do your best to improve your relations with Muslim nations, to awaken the people at the helm in other [Muslim] countries, call them to solidarity and unity, and rest assured that Almighty God will assist you.

I advise Muslim nations against expecting external help for attaining their goal, that is, Islam and the institution of Islamic edicts. You should help yourself in this vital task which ensures your freedom and independence. So let the ulama and preachers in Muslim states call on their governments to rid themselves from dependence on big foreign powers and to come to an understanding with their own peoples, which assures them victory. Let them call on the nations for unity and for discarding racism, which is against Islam. Let them shake a brotherly hand with their brothers-in-faith of whatever race, since Islam refers to them as brothers, and once this spirit of brotherhood has become a matter of fact between all Muslim governments and Muslim nations you will see that Muslims are the greatest power on earth. Let us hope to witness this brotherhood and this equality among Muslim nations, God willing.

I advise the Ministry of Guidance *(Ershad)* for all time, especially in this particular era, to do its best in propagating right against wrong and for portraying a true picture of the Islamic Republic. Now that we have eliminated the superpowers from our country we are the subject of much hostile propaganda by the mass media dependent on the big powers. The writers and spokesmen dependent on the superpowers have accused us of whatever they wanted, and sadly enough the majority of Muslim governments which, according to the dicta of Islam, must extend a brotherhood hand to us are rising against us and againt Islam and, our propaganda power being very weak, every foreign government aligned with the world-devouring powers is making some sort of inroad against us. You know that today the world turns on the wheels of propaganda. It is saddening that the so-called «intellectual» men of letters privately inclined to either of the two powers, hampered by their selfishness, and by opportunism and monopolism, are incapable of thinking about the good of their nation and their people and are unable to compare the freedom and independence in the Islamic Republic with its status during the past regime. They would not set the honourable life such as they now have although devoid merely of the material plentifulness and extravagant sensuality of their past, against what they earned during the autocratic monarchy in this country at the cost of their subservience, their servant-like status, and by eulogizing and praising the elements of corruption and the fountainheads of tyranny and prostitution. They would not stop levelling unfair remarks and unjust accusations against this new-born Republic, and they would not push pens or lash their tongues in a single file with the nation and government against the wordly gods and the fiendish.

Tablighat [ideology-oriented publicity work] is not the task solely of the Ministry of Guidance, but of all scholars, public speakers, writers and artists. The Foreign Ministry must do its best to ensure that our embassies abroad will have ideology-oriented publicity periodicals to unveil the brilliant vision of Islam to the world people. Once the graceful visage of Islam to which the Holy Qur'an and traditions have invited humans is seen unmasked by enemies and once the mask of the enemies of Islam and its misinterpreting friends have put on is taken off, then Islam will be universal, and its proud banner will be hoisted in the four corners of the world. How agonizing and tragic it is that Muslims have such a unique possession since the beginning of history until now, and not only have they failed to present this valuable gem to other people who, simply by reason of their human nature are its natural seekers, but they have consigned it to oblivion, are ignorant of it, and sometimes even run away from it.

K) Another extremely important social and cultural determinant is the status of educational institutions ranging from kindergartens to colleges and universities, which I would like to point out again, due to its extreme importance.

The ravaged people of Iran must know that during the past fifty years Iran and Islam have suffered more with regard to the universities than they have suffered from anything else. If our universities and our other educational centers had a curriculum and status consistent with Islam and our national interests, our country would not be swallowed by England and later on by the U.S. and the Soviet Union; and in that case predatory agreements would never be imposed upon our nation; never would foreign advisers find their way to Iran; never would the wealth and the black gold [oil] of this suffering people be pocketed by the satanic world powers, and never would the Pahlavi dynasty and their dependents be able to plunder the wealth of the people with which to build palaces in and outside of our country on the bodies of oppressed masses and fill foreign banks with the plundered wealth of those tyrannized people or spend the same for their corrupt fun-making and for the hedonistic orgies of their dependents.

If our *majlis*, our cabinets, our judiciary power, and our other organs had been manned by graduates of Islamic and national universities, then our nation today would not have to tackle with such ruinous problems; if upright personalities with Islamic belief in its true sense-as opposed to the anti-Islamic mentality today-had found their way from the universities to the three branches of the government, then we would have different things today, and a different nation, and our deprived people would have rid themselves of the claws of deprivation, and would have cleared our society of the bits and pieces of a tyrannical monarchy, of prostitution, addiction, and of houses of ill fame, each of which was alone capable of leading our valuable and active youths to their doom; and if things were otherwise our people would not have been handed over a self-ruining and nationally-destructive legacy.

If our universities were conceived with Islamic, humane and nationalistic values then they could have produced hundreds and thousands of educators for the Iranian society. But it is unfortunate and saddening that our colleges and universities and our high schools were supervised and our youngsters were educated-except for an oppressed minority-by people who were West-struck or East-struck and there being no other alternative, our youth were nurtured in the bossom of the wolves dependent on the superpowers and would upon graduation occupy legislative, public and judiciary offices to act only according to the dictates of the tyrannical Pahlavi regime.

Now, thanks the Blessed and Supreme Lord, our universities are rid of the claws of the criminals; the people and the government of the Islamic Republic of Iran, for all time in the future, have a responsibility to prevent infiltration into colleges and universities of proponents of irreligious and deviate ideologies or of ideologies of either of the two power blocs so that they will not encounter problems in the future, and so that the society will be in control. My advice to students at colleges, universities and teacher-colleges is that themselves rise boldly against deviations so that the independence and freedom of themselves and of their country will be safeguarded.

L) The armed forces: the army, including also the *Sepah* (Islamic Revolutionary Guards Corps), the gendarmery, the state police, the committees, the *Basij (Mobilized forces)*, and tribal forces are important in their own capacities. They are powerful hands of the Islamic Republic and are protectors of our boundaries, roads, towns and cities and villages, and of our security at home, and as such should be subject to the special attention of the nation, the government, and the *majlis*. And they should all bear in mind that the big powers and destructive policies tend to exploit the native armed forces of other countries more than they exploit any other group or institution in that country. It is the armed forces that is likely to fall prey to political foul plays, state coups, and to devices for chaining governments and regimes. Fraudulent people and scoundrels attempt to buy the chiefs in the armed forces and get hold of countries with the aid of those local chiefs, and as result of the collusions of deceived army commanders, dominate and deprive people of their freedom and independence. But as long as army commanders are upright and chaste, the enemies of the nations will not be able to stage coups in other countries or occupy those countries, or if they venture to do such things, their schemes will be aborted by committed commanders in those countries.

In Iran, too, in which the people worked this great miracle of our time [the Islamic Revolution], the armed forces had a great role to play, and today when this cursed war-imposed upon us by Saddam [Hussein] by the order of the United States and other world powers-is, after two years since its outbreak, bringing political and military defeat for the invading Ba'athist army of Iraq, a success which has been accomplished by our armed forces and by the *Sepah* [Islamic Revolutionary Guards Corps], and by the effort of populist forces and the generous support of the masses and their contributions to the war effort both at war-fronts and behind the fronts, and they are the people who have made Iran proud, and the various internal plots designed and engineered by the pawns of the arch-leaders of the Western bloc and Eastern bloc countries were foiled, thanks to the mighty hands of our youth in Committees [Islamic Revolution Committees][12] and to our zealous people. And our Committee-men are the same people who keep overnight vigils so that the people might now rest peacefully. May God be their Aider.

Therefore, in these last days of my life I offer my brotherly advice to our armed forces as follows: You dear people who endear Islam and who are performing acts of self-sacrifice at the battlefronts and other valuable services elsewhere throughout our country for the cause of God and prompted by your love for reunion with God, be wakeful that the sharp edge of the weapon of treachery and murder of political operatives and veteran West-struck and East-struck politicians as well as the secret hands of behind-the-scene criminals are pointing at you more than at any other group. They want to exploit you who have brought forward the victory of the Islamic Revolution with your acts of self-sacrifice and who revived Islam for toppling the Islamic Republic, and plan to sever you from the nation and throw you into the fold of either one of the world-devouring poles and nullify your efforts and your acts of self-sacrifice by political intrigues with a show of commitment to Islam and nationalism.

I enjoin the armed forces not to subscribe to any political party or group and that they keep themselves distant from political games, and adhere to the relevant discipline. This applies invariably to all sectors of the armed forces, including armymen, security forces, Islamic Revolutionary Guardian Corps, *Basij* [Mobilized Forces] and others volunteers. Only then will they be able to maintain their military power and prevent in-fighting due to personal differences. The commanders, too, have a responsibility to prevent the people under their supervision from subscribing to political parties.

Because the Revolution belongs to the people and its protection is the responsibility of all, it is the religious and national responsibility of the government, the people, the Defense Council and the Islamic Consultative Assembly to oppose any act by the armed forces and their commanders of whatsoever level which is judged to be against the interests of Islam and the country, and also to oppose their subscription to political parties, or their involvement in political games, which will certainly entail their destruction. It is the responsibility of the leader or Leadership Council of the Islamic Republic to firmly restrain such developments so that our nation will be protected from harm. At the end of this earthly life of mine, I sincerely exhort all members of the armed forces to be loyal to Islam, as you have been to this point, which is the only religious ideology for independence and freedom and in which the Blessed and Supreme Lord invites all men with the leading rays of Islam to a most exalted status. It rids you, your country and your nation of the disgrace of dependence on foreign powers who but want you for serving them as slaves and who will keep your country and people backward, and only as a consumer nation and under the burden of oppression. Then prefer a dignified human-like life, although fraught with obstacles, to a humiliating life of slavery to foreigners, although it may be marked by bestial comfort. Remember that as long as you extend an asking hand to foreigners for your needs in advanced technology and as long as you lead a beggarly life in the international community you will not witness the growth of your inventive talent in technology. In the wake of the economic sanctions against Iran you witnessed with your eyes that the same Iranians who used to judge themselves as being unable to do many of the things previously done solely by expatriate workers and who had been previously been told that they would not be able to turn the wheels of their country's industries, and who distrusted their own inherent capacity for doing so, eventually ventured to rely on their own talent and thereby responded to the needs of the armed forces and their various factories and plants. Therefore, this war, the ensuing economic sanctions, and the ouster of foreign experts from Iran was, in fact, a divine blessing for us, the value of which we did not appreciate in the beginning. Now if the government and if our armed forces voluntarily ban foreign-made products and instead increase their efforts for improving native capacities in technical and industrial areas, there is hope to believe that our country will become self-sufficient and will be rid of begging its own enemies for technical and industrial help.

I must hasten to add that our need for advanced industries of progressive countries is indisputable, but that is not to be interpreted that for advanced technology and scientific know-how we will have to depend on either of the two power blocs politically. Our government and armed forces should make an effort to send self-committed students for higher studies to the countries which do not adhere to colonialism or pursue colonialistic policies rather than send them to the U.S. or the Soviet Union and to certain other countries which follow and promote the policies of either of the two poles. Except, perhaps when the two powers have admitted their past mistakes and have abandoned their predatory policies and adopted a foreign policy based on humane principles, or when, God willing, the oppressed masses of the world, the wakeful nations and committed Muslims have subdued them. May that day come.

M) The radio, the television, the print media, the theaters and the cinemas have been successfully used to intelletually anesthetize nations, and especially the youth. During the present century, particularly during the latter half of the century, the broadcast and print media have been used in their full capacity as a propaganda tool against Islam and the serving ulama, as means for airing the propaganda of the colonialist Western and Eastern power blocs, as a tool for marketing products, especially luxury items of every sort, ranging form construction items to ornamental products, drinks, clothing, etc., promoting not just products but also a form of life as a prestigious model, so much so that to look like westerners in every aspect of one's daily life became a status symbol impelling people, especially affluent ladies, to adapt their daily conversation, their attire and their fashions to prevailing fashions in the West, the mentality conspicuous also in the people's craze for using European words in their daily conversations as well as in their writings, which needlessly complicated their utterances and rendered them incomprehensible even to their peers.

Television series were products of either Western or Eastern countries, tending to lead the young generation of men and women away from the healthy business of life, work, and industry and production and learning, and plunge them into a world of self estrangement or of disrespect for and mistrust of everything native, including their country and even their culture, and their native artifacts, many of which were taken to museums and libraries in the Western and Eastern bloc counties.

The magazines publishing scandalous articles and shameful pictures, and the dailies running the race of anti-Islamic and anti-national culture proudly lured the people and especially the more socially instrumental youth to the ruling culture of the West or East. To say nothing of a never-ending propaganda for legitimizing centers for corruption, houses of ill fame, gambling and lottery houses, and promoting shops and other centers for dispensing fancy items and promoting whatnot in modish extravaganzas of western culture, including cosmetics, entertainment, alcoholic beverages, extravagant gift-shop items, including toys and dolls, and hundreds of other [things] unknown to me and to my peers in return for the export of oil, gas and other of our resources to the West. And if God forbid the servile and ruinous Pahlavi regime had survived longer, certainly our young people, the children of Islam and of our country to whom the nation looks for its future would succumb to the satanic plots and conspiracies of the corrupt Pahlavi regime and to the propaganda of the mass media and to the insinuations of the Western and Eastern-oriented intellectuals or would ruin their youthful days in corrupt quarters or perhaps would serve the world devouring powers and pitch the nation into total ruin. The blessed and Supreme Lord obliged us and our youth by ridding us of the evil of the corrupt and predators.

My last word now to the Islamic Consultative Assembly for today and for all time and to the present and future Presidents, and to the Council of Guardians and to the Supreme Judiciary Council and to the government, present and future, is that they should look out for any deviation from the true course of Islam and from the interests of the nation by our news agencies and print media. We should all remember that the «freedom» of the Western brand which causes the ruin of the youth and boys and girls is condemned in Islam and by common sense, and that to hear, to write, to speak and to publish against the dicta of Islam and in a manner abhorent to the moral virtue and ethical principles of society and against the best interests of the country is prohibited *(haram)*, the prevention of which is the individual responsibility of all of us and all Muslims. Destructive freedoms, and anything religiously prohibited or against the social propriety in the Islamic Republic or against the reputation of the Islamic Republic should be prevented, or else each and everyone of us will be responsible for it. If the people and the youth of *Hizbollah*[13] should encounter instances of the violation of such considerations they must report the same to relevant institutions, and if officials in those institutions should show indifference towards it the youth are responsible for taking action to prevent it. May the Supreme Lord be the Aider of all.

N) My last word to the [political] groups [parties] and grouplets [factions] and to other people who are active against the nation and the Islamic Republic, and primarily my last word to their leaders in and outside of Iran is to call on them to have a retrospective glance at their long experience to find out for themselves that having tried their hands at everything, at every plot, and having tried their luck with any foreign country and personality should have proved to them that they cannot change the course of the life of a patriotic nation by assassinations, bomb blasts, disreputing and nonsensical propaganda; that no government can be toppled by such inhuman devices, and especially the government of the Islamic Republic, which relies on a nation of young children and adults, old men and women who do perform acts of self sacrifice for their goal, for the Islamic Republic, for the Holy Qur'an and their religion.

You know (and if you don't know, you are far too simple-minded) that the nation is not with you, and that the armed forces are your enemies; and if-only taking it for granted-they were once your sympathizers, you repelled them by your crude acts and as a result of criminal deeds perpetrated by your provocations, you could not win friends but made enemies for yourselves.

My last word of altruistic advice to you in the last days of my life is that I wonder how you may bring yourself to fight a tyrannized nation which, for 2,500 years, has been plagued by cruel monarchies and which rid itself of the oppression of a regime such as that of the Pahlavi's and the world-devouring Western and Eastern powers by giving away their best children and youths as martyrs in their fight for freedom. How could a human being bring himself to behave like that with his own people for [the sake of] attaining some office; safeguarding neither children nor the elderly? I exhort you to cease such useless and unwise perpetrations and guard against playing into the hands of the world-devouring powers. If you have not committed a crime return to your homeland and into the fold of Islam, wherever you are, and repent and rest assured that God is

Compassionate and Merciful and, God willing, the Islamic Republic and the Iranian nation will forgive your wrongdoing, and if you have committed a crime for which there is a divinely-decreed punishment still turn back midway and repent, and if you are bold enough accept the punishment you should suffer and thereby save yourself from God's retribution. If you do not want to return home, then do not waste your life any longer and spend the remainder of your life in a vocation which ensures your eventual good.

I also advise the supporters of these people in and outside Iran to think about the reasons why they consecrated their youth to serve a people who are indisputably working for the world-devouring powers? Why do they promote their schemes? Why [are they] entangled in their traps? In whose interests and for the sake of whom are you wronging your own people? You are playing into their hands, and if you are in Iran you will see for yourself that the million-strong masses are loyal to the Islamic Republic, for which they perform acts of self-sacrifice. You clearly see that the present government in this country is wholeheartedly at the service of the people and the impoverished masses. Those who hypocritically pretend to be committed to the masses or bear such labels as *mujahid* or *fada'eyan* [devotees] are actually antagonizing the very people who are God's creatures, and they are exploiting you for their own purposes and for one of the world-devouring power poles. If they [the masterminds and leaders of the two grouplets] are outside Iran they are having fun at the heart of either one of the two criminal power-poles, and if they are in Iran, they live in their sumptuous common hide-outs as wretched criminals, continuing their criminal acts and plunging you youthful people into the jaws of death.

My sincere advice to you is this: I would urge you to take the opposite course and reunite with the deprived masses who are serving the Islamic Republic wholeheartedly, and to work for an independent and free Iran so that your country and your people will be rid of the evil of opponents and so that you may all continue honourable lives.

Wherefore and for how long do you intend to take orders from a people who think not but of their own interests; (a people) who, resting in the lap of the superpowers and sheltered by them, are fighting their own people, and who are sacrificing you for their own dire ambitions and for their craze for power. During the past few years since the triumph of the Islamic Revolution, you have readily siin that their acts do not tally with their pretension; those pretensions are only devices for cheating unsophisticated youth. You know that you are no power against the roaring ocean of the nation, and that your deeds will only harm yourself and ruin your life. I have now fulfilled my obligation for guiding you, and I hope you will heed this advice of mine which is reaching you after my death and which is untainted by ambition or self-interest, and hope also that you will save yourself from the eternal punishment of God. May the Beneficent guide you onto the right path.

I give my last word and advice to the leftists, such as the communists, the *Fada'eyan Khalq* organization and others, by asking them: How did you bring yourself to subscribe to a broken down school of thought without first having formed a sound idea of other schools and Islam, with the help of people who are well oriented about schools, especially on Islam? Whatever prompted you to indulge your fancy in just a few «isms» which are devoid of content among learned and inquisitive people? What motive is prompting you to pull your country into the fold of the Soviets or China, and wherefore should you be prompted to wage a war with your own people in the name of concern for the people, and why should you have contributed to plots against your nation and against the tyrannized masses in this country and in the interests of foreign enemies? You see that since the birth of communism, those who have pretended to subscribe to its ideology have led the worst authoritarian, most absolute, and worst monopolistic governments in the world. Look at the nations who were trampled under the feet of the Soviets, the advocates of the «people», and who lost everything they had. The people of the Soviet Union, Muslims and others, are hard pressed under the dictatorial oppression of the Communist Party; they are denied any form of liberty and are subjected to a strangulation which is the worst among all dictatorships in the world today. We saw the coming to power of Stalin, who was one of the so-called brilliant figures of the Communist Party. We saw his aristocratic life and we witnessed how luxuriously he moved around. Now you give your lives away for the sake of your love for that regime while the oppressed masses in the Soviet Union and in the Soviet bloc countries like Afghanistan[14] lose their lives because of the Soviets' oppression; and heedless of those developments, you pretend to support the «people», apparently forgetting the crimes you committed against the very «people» whom you claim to support, against the noble people in Amol[15] whom you falsely claimed were your supporters, many of whom you instigated against the Islamic government and other people, and led them to get killed in an armed challenge to the Islamic government. You went beyond all limits in your criminal perpetrations and now you «supporters of oppressed people» wish to put the oppressed and deprived masses in Iran into the fold of Soviet dictatorship, doing it under the cover of *Fada'eyan Khalq* and advocates of the oppressed and deprived masses, and the *Tudeh party* doing the same more slyly under the cover of support for the government of the Islamic Republic, and other political groups, by force of fire arms, assassinations and bomb blasts.

My last call on you, political parties, who are either known as leftists-though there are indications that they are American inventions and pro-American groups-or those that are fed and inspired by the West, and those who are using firearms in a contention for self-rule and under the cover of support for the Kurds and Baluchis, and who have wreaked havoc in Kurdestan and in other areas of the country and prevented educational, health, economic, and reconstruction services in those provinces, such as the Democratic party and Koumeleh[16], is to reunite with the rest of the masses and remember your bitter experience, which has only served to make the people in those provinces miserable, and admit that whatever you do, you will only bring misery to the people in those areas of the country. So remember that it is for your own ultimate good-and in the interest of the people whom you pretend to support-to join forces with the government and stop revolting and serving foreign enemies and betraying your own nation. Lend a helping hand to the building of the country and rest assured that for you Islam is a better alternative than the criminal power-pole of the West and the dictatorial power-pole of the East.

My last word to errant Muslim groups who are inclined to the West or occasionally to Eastern ideology, who have occasionally voiced support for the hypocrites-whose treachery was exposed to the public-due to their misconceptions, at times cursed and flouted the enemies of the opponents of Islam, is to call on them not to persist in their erroneous judgement, but to admit their mistaken beliefs, relying on their Islamic courage, and to join forces and align themselves with the government, the *majlis* and the oppressed people for God's satisfaction, and rid the oppressed masses of contemporary history of the evil of oppressors.

Remember the words of [Seyyed Hassan] Moddaress[17], the clear-sighted, morally undefiled and self-committed scholar (alim) who said at a sad *majlis* session of his time that if the ulama [and the Islamic thought] are to be destroyed, why should they pave the way with their own hands? Today, in memory of that martyr of the cause of God, I tell my devoted brothers that if one day it be destined that we be wiped out from the world scene it would be better for us to go by the criminal hands of the Americans and the Soviets, and better for us to seek reunion with God with our sanguine bodies, rather than choose to have a comfortable and aristocratic life under the banner of the Red Army of the East or the black banner of the West. This has been the way of life of the prophets, of the Imams of Muslims and religious sages. We too, should follow the same course and should inspire ourselves with the conviction that if a nation decides to live without relying on foreign powers they certainly can, and that the world powers cannot impose a way of life on them which is contrary to their own convictions. Afghanistan is a contemporary example proving this argument. Although the usurping government in that country and leftist parties that were and are alligned with the Soviets, they have not yet been able to subjugate the masses.

Moreover, the deprived nations of the world are now waking-up and before long their wakefulness will culminate in uprisings and revolts and revolutions, and they will gradually rid themselves of the domination of oppressors. You Muslim people who believe in Islamic values readily see that we are witnessing the fruits of ending our reliance on the Western and Eastern power-blocs already in our country. You see that our capable native brains are working to lead us to self-sufficiency, and we see the accomplishment of things which the treacherous expatriates here said were beyond our technical capacity to undertake and which, God willing, we will be successfully undertaking in the future. Alas, was it not for the late institution of this Revolution, for if it had been undertaken at least at the start of the cruel and dirty reign of Muhammad Reza, then our plundered Iran today would be a different one.

To the writers, public speakers, intellectuals and obstructionists, naggers and people driven against the Islamic Revolution by their own complexes, I say: Instead of spending your time doing things against the interests of the Islamic Republic, and instead of depleting all your energy in antagonism and in malicious thoughts and censoring the *majlis* and the government and other serving people, (acts) which serve to push your country into the fold of the superpowers, sit at a private place on a still night for a self-trial before God-or before your own conscience if you do not believe in God-and find out your own latent motives residing in the subconscience, which often than not many people are not cognizant of them. Find out why and on the basis of what criteria you are looking down at the blood of our youth who are ripped to pieces in the battlefronts, and why you are waging a psychological war with a nation determined to liberate itself from the burden of oppressors and plunderes in and outside of our country, a people determined to safeguard, with whatever self-sacrifices, the independence and freedom it has obtained at the cost of shedding its blood and the blood of its children. Find out why you are feeding the fire of division and why you promote treacherous conspiracies against the nation. Would you not do better to push your pen and use your tongue to safeguard your country? Would you not do well to help this deprived and tyrannized nation and to help institute the Islamic government? Do you realy consider this *majlis*, this President and this cabinet and this Judiciary Council to be worse than their counterparts during the past regime? Have you really forgotten the cruelties of that cursed regime upon this oppressed and helpless people? Do you not really know that at that time this Islamic country used to be a military base for the United States and that they [the Americans] treated our country as their colony? That the *majlis*, the government and the armed forces were in the clutches of the Americans? Do you not really know what advisors, their technicians and the expatriate Americans did to our resources? Have you really forgotten the increasing prostitution throughout our country as well as the steadily growing number of centers for corrupt entertainment, ranging from houses of ill fame to gambling houses, wine cellars and liquor stores, movie houses and other quarters which were important elements for ruining the young generation? Have you really forgotten those corrupt mass media and periodicals and those papers in that regime?

Now you are shouting protest cries because while corruption is not dispensed in our city streets, this or that young man, mainly under the influence of deviate groups, may be put on trial for having committed wrongful acts, or may have been executed for being corrupt on earth *(mufsid-fil ardh)* or for (armed) revolt against Islam and the Islamic Republic. You join causes and shake brotherly hands with the people who expressly condemn Islam or challenge it by firearms or in writing and in rhetoric which is more saddening than armed challenge. You call «the apple of your eye» the people whom God decrees to be executed. You sit beside the political actors who conducted a bloodbath on March 5[18] killing innocent youth, and calmly watch the scene, and you consider your attitudes and your acts as being consistent with Islam and the operation of the government and the judiciary council, which punish sworn enemies (of Islam and Islam and the Islamic Republic), and the deviated atheists for their wrong-doing as being unjust, and cry out for help. Knowing somewhat the past of some of you, my brothers-in-faith, and having a liking for some of you I am sorry about you, but I am not sorry about those who were bandits disguising themselves as nice people and wolves clad in shepherd's garb, and about humbugs who hoodwinked all and who meant to ruin the country and the nation and serve one of the predatory power-poles.

Those who have martyred valuable youth and men and ulama who are educators of the society, and who did not even spare the innocent children of Muslims, have brought infamy upon themselves and have made themselves wretched beings before God. To them the return road is closed, since they are totally governed by the animal in themselves.

But you pious brothers-in-faith, why not help the government and the *majlis*, which endeavor to assist the deprived, the oppressed, the barefooted and those people deprived of all means of livelihood? Why do you complain? Have you compared the bulk of government services for the people during the short interval since the establishment of the Islamic Republic-allowing for all hard luck and post-revolution afflictions which are common to every revolution, including the imposed war and the millions of Iranian and non-Iranian war refugees and the innumerable obstructions-with development services for the same period during the past regime? Do you not know that at that time development services were the privilege almost solely of cities, and even then of the affluent sector of the cities with poor and deprived people benefitting little,if at all, from those services, whereas the present government as well as Islamic institutions render services for those groups of deprived people with all their hearts. Therefore, you pious people, too, support the government so that the projects will be implemented sooner, and hope that on your journey to heaven you will be wearing the badge of service to God's men. (I, myself remored sections from here).

O) One of the topics which needs be recalled here is that Islam does not approve of tyrannical capitalism, which tends to deprive the oppressed and downtrodden masses. On the contrary, it sharply condemns it in the Book and so do the traditions. They consider it counter to social justice, although certain half-witted people who are uninformed about the Islamic government and political issues in an Islamic state have somehow pretended and still persist in their writings and in their lectures that Islam advocates uncontrolled capitalism and private ownership, and with such interpretations of the Islamic dicta they have marred the brilliant visage of Islam, thereby paving the way for the invasion against Islam by malevolent people and for intimating that an Islamic government is a government like capitalist governments of the West, such as the United States, England and other plunderers of the West, and there are others who, relying on the judgment of such silly people, or perhaps maliciously and without bothering to check with true Islamicists, are fighting Islam. But at the other extreme Islam is not a system of government like communism and Marxist-Leninism, which condemn private ownership and which advocate community ownership with varying degrees, and which have undergone certain transformations over the past years, once recognizing the principle of communal ownership, to even authorize polyandry and homosexuality under an absolute dictatorship, but [an Islamic government] is rather a moderate system of government which recognizes private ownership only to a level and allowing it only within bounds, the implementation of which system in its true form will ensure the turning of the wheels of a healthy economy which is required for a healthy political system.

Alternatively others, relying on their own corrupt interpretation of Islam and due to their lack of sophistication about Islam and the healthy economy that it advocates, have adopted a position at the other extreme, even occasionally adducing certain verses from the Holy Qur'an or from the Nahjul-Balaghah pretending that Islam is compatible with such deviated schools as Marxism, disregarding other verses in the Holy Qur'an and in the Nahjul-Balaghah, advocating community ownership according to their own myopic outlooks, and supporting blasphemy, dictatorship and strangulation of the masses by a small ruling body with bestial behavior.

My last word to the *majlis* and the Council of Guardians, the government, the President and the Supreme Judiciary Council is to call on them to be resigned to divine decrees, to resist falling prey to the empty propaganda of the marauding pole of capitalists and the irreligious communists, to recognize and respect legitimate private ownership and private capital obtained within the bounds of Islam and to assure the people of your recognition of such principles so that private capital will be invested in productive activities so that it will contribute to the self-sufficiency of the government and the country both in light and heavy industries. In addition, my last word to the wealthy and the owners of legitimately-obtained money is to invest their lawful money in healthy enterprises, in farms, factories and our villages, resting assured that the enterprise is a lofty act of worship.

I exhort all to endeavor for the welfare of the deprived masses, and remind them that their eventual good is dependent on serving the deprived masses of the society who have suffered hardships and agonies during monarchies and the rules of feudal lords. And benevolent are those of our moneyed people who volunteer to build houses for pit-dwellers and shanty-dwellers, and who provide for their welfare, and let them be assured that such acts will bring them good in this world and in the Hereafter and of course it is far from equality that one person should be homeless and another have many apartment houses.

P) My last word to that sector of the ulama and imposter clerics who oppose the Islamic Republic with different motives, who spend their lives in subversive schemes, who collaborate with conspiring oppositionists and political actors, sometimes reportedly doing so with the aid of the colossal amounts of money they receive from the ungodly capitalists, is: To date you have not gained anything by such wicked acts, nor do I see it likely that you will do so at any future time. If you have done such acts as you have for worldly purposes, which God will prevent you from fulfilling, then it is better that as long as it is not too late for repentence you repent your acts and join the cause of the oppressed and impoverished nation, and support the Islamic Republic, which guarantees your good in this world and in the Hereafter, though I feel it is unlikely that you will want to repent before it is too late.

But as for those who antagonize the Islamic Republic based on the misjudgments of certain other individuals or groups or on the strength of their verdicts which, whether with or without malice, antagonize the Islamic government, and who-in their own judgment-try to subvert it for the cause of God, and who pretend that this Republic is as bad as or worse than the toppled monarchy, I only advise them to think things over with a clear heart in solitude and compare this Islamic Republic with the past regime, and also remember that all revolutions throughout the world have also been characterized by chaos and transgressions, and instances of opportunism as unavoidable realities. If you consider the afflictions of this Islamic Republic, such as plots and conspiracies, malicious propaganda, armed attacks from across the borders and by others inside our country, the unavoidable infiltration of certain corrupt people and opponents of Islam in all government organizations for rousing the people against Islam and the Islamic Republic, the lack of experience of all or the majority of administrators of the Islamic government, the airing of malicious rumours by those who are now unable to reap the unjust profits such as they did during the previous regime or who pocket less than they did at that time, the acute shortage of religious judges, the onerous economic burdens, the colossal problems in the administrative purging affecting several million employees as well as their ideological reformation, the shortage of well-wishing experts, and tens of other problems which may not be known by anybody except by those who themselves are in the scene, the mal-wishing monarchists and owners of large amounts of capital who engage in usury, outrageous profiteering, sending out foreign exchange, smuggling and hoarding and thereby pressuring the impoverished and deprived masses of the society and leading the society to corruption; who at times come to you for campaigning dishonestly and for cheating you, occasionally pretending to be true Muslims by handing over sums of money to you as religious tariffs on their shoulders, who shed crocodile tears and make you angry and rouse your feelings against the Islamic government-many of them privately sucking the blood of people by illegitimate profiteering and crippling the national economy- I only humbly advise them in a spirit of brotherhood to guard against falling prey to such gossipy rumours, and instead uphold this Islamic Republic for the sake of God and Islam, and I must remind them that if this Islamic Republic should happen to collapse it will not be replaced by an Islamic government having the seal of approval of the Imam of Our Time, or doing according to the wishes of people like you, but that the regime to substitute this Islamic Republic will be one such as is the wish of either of the two superpowers. At that time, the deprived masses of the world who have placed their trust in Islam and the Islamic system of government and who look to it as their refuge will be disappointed and frustrated and it will be too late then for making good on past mistakes. If you people expect to see things being reformed according to the principles of Islam and to divine decrees overnight then you are in error, for never at any time in the past did men witness such a miracle, nor are they likely to experience that overnight transformation any time in the future. Do not allow yourselves to think that once, God willing, the Last Reformist should make his advent then the people will witness the miracle of a universal reformation in only one day, but even at that time the tyrants will be suppressed and isolated only as a result of the self-sacrificing efforts of the people. If, however, you belong in the circle of those abhorrent and ignorant people who maintain that to speed up the advent of the Imam of Our Time we should try to spread injustice and tyranny throughout the world as the preliminary requisite for his advent, then why, of course, *We are all from God and to Him shall we return.*

Q) My last word to Muslims and oppressed masses of the world is: You should not sit back and expect to be gifted with independence and freedom by the people at the helm of your country or by the foreign powers. At least during the present century, which has witnessed the gradual coming of the big world-devouring powers to all Muslim countries as well as to other [Third World] countries, you and we have observed or read in true history books that hardly any one government in those countries was concerned about the freedom, independence and welfare of its own people, nor are they so at the present time. On the contrary, the large majority of those governments have either tyrannized and strangulated their own people, doing so to safeguard only the interests of a few or a small group or for the welfare of the well-to-do upper class society in the face of the deprivation of tyrannized people and of those living in reed shelters and pit-dwellers who are denied all comforts of life and even such things as water, bread and the means of daily sustenance; and exploiting the oppressed masses only for the benefit of the well-to-do class and fun-making people; or (they) have been puppet governments of the big powers which have done everything in order to subjugate countries and nations and make them dependent countries, only markets for the products of the Western or Eastern bloc countries, protecting the interests of the latter and keeping nations backward and consumption-oriented. Even today they are pursuing the same plot.

You oppressed masses of the world, you Muslim countries and you Muslims! Rise to your feet and get your dues with your teeth and claws, defying the noisy propaganda of the superpowers, and expel the criminal men at the helm who give out the fruits of your toil to your enemies and the enemies of Islam, and let the self-committed and serving sectors of the society take the helm of your country, all joining together under the dignifying banner of Islam and rising against the enemies of Islam, marching towards an independent and free Islamic Republic and resting assured that the realization of the proposition would mean the subjugation of all oppressors of the world, and helping the oppressed masses to become leaders and inheritors of your lands. Let us hope for the advent of that day which the Supreme Lord has promised us.

R) At the conclusion of this last Will and Testament, I wish to remind the noble nation of Iran that man toils, and suffers and performs acts of self-sacrifice and self-abnegation to the extent of the loftiness and worthy sublimity of his goal.

What you rose for, what you pursue, what you sacrifice your lives and your means for is the noblest of all goals since the creation of the universe throughout eternity. It is the divine ideology in the extended sense of the word and the idea of the unity of God in its lofty magnitude, which is the foundation and the final goal of the earthly world and of the Invisible and which idea is fully crystallized in the Muhammadan faith, and which was the goal of all leading prophets (S.A.W) and is something without which man will not attain absolute perfection or find reunion with the Absolute Glory and the Infinite Beauty of His Divinity. It is this very same thing which has exalted earthlings beyond the rank of those in the Kingdom of God, and the journey to that very destination by an earthling has a consequence unique solely to him and not to any of His other creatures, visible or invisible.

You struggling people! You are marching under a banner hoisted throughout the material and the spiritual world. Whether or not you will realize what your quest is, you will have marched on the same road that was the path of all prophets (S.A.W.) and is the only road to absolute salvation. It is this same motive which prompts all saints to embrace martyrdom on that path and which makes the sanguine death sweeter to them than honey.[19] Your youngsters have taken a gulp of that in the battlefronts and have felt elated at doing so, the effect of which is also manifest in their mothers, sisters, fathers and brothers. Truly we must say
   Blessed be they with that cheerful zephyr and with that inspiring sign.

We must remember also that one aspect of this divine revelation is manifest to all who struggle in such other places as the blazing farmlands, factories, workshops and in the centers for industries and technological developments, and to the majority of those who engage in our markets, in our city streets, in our villages and to all others who have assumed a task for the cause of Islam, the Islamic Republic and for helping the country move towards self-sufficiency. God willing, as long as the spirit of cooperation prevails in our society, our country will be protected from all worldly harm.

Thanks God our theological schools, our universities, our beloved youth and our educational and learning centers are gifted with this divine gift; those centers are under their total command and the hands of criminals and deviated people are very far from those centers.

My last word to all is to march towards a better knowledge of ourselves and towards self-sufficiency and independence in their full scope, and no doubt as long as you are at the service of God and as long as you contribute to the progress and exaltation of this Islamic country with a spirit of cooperation, the hand of God will be with you, and based on my observations of our people's vigilance, wakefulness, self-commitment, self-sacrifice and of the spirit of firmness and resistance in the cause of God, I believe there is hope that this same spirit is inherited and improved upon by all future generations.

With a tranquil and confident heart and a conscience hopeful of God's beneficence, I now take leave of my sisters and brothers for a journey to my eternal abode while I very greatly need your blessing, and supplication of the Blessed and Supreme Lord to accept my pleas for His pardoning of my negligence, my faults and my failings, and I hope the nation, too, will pardon my shortcomings, my negligence and faults and march on firmly and resolutely, assured that the absence of one servant will not cause a crack in the iron like ranks of the nation, for there are better and more noble servants among you, and Allah will protect this nation and the oppressed masses of the world.

Ruhollah al-Mousavi al-Khomeini
February 15, 1983

In the Name of the Most High

Let Ahmad Khomeini read this last will and testament of mine to the people after my death, or if pardonable the respectable President or *majlis* Speaker or Chief Justice, and if pardonable a member of the respectable jurisprudents of the Council of Guardians.

Ruhollah al-Mousavi al-Khomeini

In the name of the most high

Postscript: In this postscript to my twenty-nine page last Will and Testament[20] and its prologue I would like to state a few points.

1. During my life I have at times been quoted as saying things which I never said, and it is likely that more misquotations will be attributed to me after my death. Therefore, I need to say that nothing attributed to me is true unless it is my own voice or my own handwriting and has my own signature, and is authenticated as such by experts, or unless it is based on my own words, as broadcasted on the I.R.I.B. (Islamic Republic of Iran Broadcasting) during my lifetime.

2. During my lifetime certain people have pretended that they have written my messages, which I definitely deny, and I declare that none of my messages were written by any person but myself.

3. I hear that some people have said that they were responsible for my trip to Paris [in the winter of 1978], which is totally untrue. After I was denied [permission to] stay in Kuwait I decided to proceed to Paris after consultation with my son Ahmad, because it was thought that Muslim states would not give us entry visas since the governments in those countries were influenced by the Shah, but Paris did not seem to be so.

4. During the Islamic Revolution, on certain occasions, I happened to speak highly of certain individuals, though later on I realized that I had been deluded by their sanctimonious behavior and their Islamic pretensions into believing them to be as they pretended to be. At that time they pretended allegiance and commitment to the Islamic Republic, but allegations should not be allowed to be a basis for taking undue advantages. The criteria with which to judge the people is their present-day character.

Ruhollah al-Mousavi al-Khomeini

Bei Fragen zur Produktsicherheit wenden Sie sich bitte an:
If you have any questions regarding product safety,
please contact:

Walter de Gruyter GmbH
Genthiner Straße 13
10785 Berlin
productsafety@degruyterbrill.com